刘海鹏

著

美术课堂
有效渗透心理健康教育的
实践与研究

辽宁人民出版社

© 刘海鹏　2025

图书在版编目（CIP）数据

美术课堂有效渗透心理健康教育的实践与研究 / 刘海鹏著. -- 沈阳：辽宁人民出版社，2025. 4. -- ISBN 978-7-205-11521-0

Ⅰ . G633.955.2；G444

中国国家版本馆CIP数据核字第20258K4836号

出版发行：辽宁人民出版社
　　　　　地址：沈阳市和平区十一纬路25号　　邮编：110003
　　　　　电话：024-23284321（邮　购）　024-23284324（发行部）
　　　　　传真：024-23284191（发行部）　024-23284304（办公室）
　　　　　http://www.lnpph.com.cn
印　　　刷：辽宁新华印务有限公司
幅面尺寸：145mm×210mm
印　　张：7
字　　数：135千字
出版时间：2025年4月第1版
印刷时间：2025年4月第1次印刷
责任编辑：高　丹
装帧设计：丁末末
责任校对：郑　佳
书　　号：ISBN 978-7-205-11521-0

定　　价：58.00元

前　言

　　在当今社会，学习和工作中心理健康的重要性日益凸显。同样，学生的心理健康问题也成为各学校关注的焦点。未来社会竞争不仅比拼智力和知识技能，更考验个体对高强度竞争和快速变化社会的适应能力。据中央电视台报道，当前约有30%的中小学生面临不同程度的心理障碍。因此，艺术教育作为文化教育的一种形式，在提升学生心理素质方面扮演着重要角色。

　　对于有心理障碍的学生，将绘画心理教育融入美术教学中（特别是小学美术教育）是一种有效方法。小学生正处于儿童期向青少年期的过渡阶段，他们往往难以用丰富的语言表达自己，而绘画成为他们最直接、最自然的情感表达途径。本书深入探讨了美术学科课堂教学中如何有效渗透心理健康教育，以及美育心理学在中小学美术教育中的应用。这有助于教师更好地了解学生，为他们提供正确的日常行为和心理健康引导，使他们以健康的心态投入到日常学习中。同时，本书也揭示了教学过程中遇到的一些问题和挑战。

（1）中学生心理问题特点和心理健康教育的难点分析

在教学管理和心理咨询辅导过程中发现，学生普遍在环境适应、人际交往、学习压力等方面容易出现心理方面的问题和困惑，如焦虑、抑郁、恐惧、紧张、厌学等。如果得不到正确的教育引导，不及时解决，长时间会影响健康、学习，严重者还可能危及生命、家庭和社会。中国科学院心理研究所《中国国民心理健康发展报告（2019—2020）》显示：2020年青少年的抑郁检出率为24.6%，重度抑郁为7.4%。小学阶段的抑郁检出率为一成左右，其中重度抑郁检出率为1.9%—3.3%，初中阶段的抑郁检出率约为三成，重度抑郁检出率为7.6%—8.6%。高中阶段的抑郁检出率接近四成，其中重度抑郁检出率为10.9%—12.5%。抑郁症患者表现为兴趣低落，孤独无助，自责自罪，目前已成为世界第四大疾患，而到2020年时可能成为仅次于心脏病的第二大疾病。中学生正处在青春发育期，是身心急剧发展变化成熟阶段，容易形成复杂的心理问题，突出表现为叛逆、敏感、多疑、固执、迷惘，不愿或者反感与家长老师进行沟通交流，这样就造成了心理问题的隐蔽性，给早期的预警干预带来困难。

当前学校心理健康教育工作越来越受到国家和社会的关注，随着一些方针政策落地实施，学校心理健康教育工作的机制、场所、师资、措施内容日臻完善，学生身心健康得到了极大的改善保障，加强对特异体质和心理异常学生的筛查和干预辅导也逐渐成为学校心理健康教育的工作重点。

（2）美术课程新标准中，心理健康教育价值体现

《普通高中美术课程标准》鼓励学生在感受、体验、参与、探究、思考和合作等学习活动的基础上，进一步学习基本的美术知识与技能，体会美术学习的过程和方法，形成有益于个人和社会的情感、态度和价值观，增强美术课程对学生发展要求的适应性，为不同兴趣和专长的学生提供进一步发展的平台。

教育本身就是心理活动的过程，美术教育的核心素养包括图像识读、美术表现、审美判断、创意实践和文化理解五个方面，涵盖了学生认知、思维、意志和行为、价值观、信念等诸多心理活动。在课程价值中除了体现陶冶审美情操，丰富生活情趣，传承文化艺术，弘扬人文精神，激发创新精神，增强实践能力外，还有调节心理状态，促进身心健康，助益人生规划，拓宽发展空间的价值作用。让学生在美术活动中直接抒发各种情绪，缓解心理压力；能够获得成功体验，增强自信，升华情感；能够促进交流，沟通人际关系，以此形成良好的身心状态与社会适应能力。

（3）绘画艺术在心理咨询和治疗中的独特作用

在日常的心理咨询和治疗中指导教师经常采用绘画疗法，这种疗法主要是以分析心理学中的投射理论为基础的技术。心理学家认为绘画是一种"自我"表达，是"潜意识"的呈现，是人类最原始的信息传递和情感表达的媒介、符

号，没有社会道德标准等方面的顾虑，绘画的非语言的表达特点特别适合对谈话治疗有抵抗情绪的来访者，通过绘画可使来访者在绘画中实现交流，表达情感，释放压力，达到自性（荣格语）整合，促进自我的人格成长。

绘画艺术除了咨询、治疗之外，经常作为一种心理健康评估筛查工具应用于医疗、教育、企业、军警等诸多领域。例如："房—树—人"（HTP）测评能够通过画面了解受测者的人格特质以及潜意识内容，分析受测者当前情绪情感状态、价值观和自我成长等，在生涯（职业）规划、婚姻情感、亲子关系、个人成长、社会适应等方面都有很好的筛查指导作用。绘画疗法操作简单，容易被孩子接受，容易在学校心理健康教育中得到普及。

目 录

第一章

学生心理健康与教育

第一节　什么是心理健康

关于心理健康的定义，学术界一直存在争议，因为不同的社会文化背景以及研究观念、方法和立场导致了意见的不统一。世界卫生组织对此给出的定义是：个体在心理和社会方面都应维持一种良好的状态。

尽管全球范围内对心理健康的定义尚未达成共识，但世界卫生组织提出的这一定义已成为广泛接受的参考标准。它强调了个人在心理和社会功能上的完整性和健康状态，为我们评估和促进个体的心理健康提供了重要依据。这一定义也提醒我们，心理健康不仅仅关乎个体的内在状态，还与社会环境密切相关。

一般来看，心理健康，指的是个体在应对不断变化的环境中，能够展现出成熟的人格特质，于认知、情感反应、意志行为等层面维持正面态势，并维系正常的自我调控能力。心理健康包含两个层面的含义。首先，其基础层面在于不存在心理疾病，这类似于身体健康的最基本要求——无身体疾病。其次，心理健康的更深层次内涵在于拥有积极向上的心理状态，这代表着个体具备追求自我发展和完善的潜力和能力。这一层面凸显了个体发展的积极性和动力。综上所述，心理健康的基石在于无障碍的心理状态，而其核心则在于持续积极的发展。

心理健康可以理解为个体具备良好的适应能力，并能充分发挥自身潜能的一种持久且积极的心理状态。在日常生活中，若个体能够准确认识自我，有意识地调控自我，妥善处理外界影响，维持心理平衡与和谐，则可视作具备心理健康的基本特质。

与身体健康相似，心理健康亦非绝对概念，而是具有动态性和相对性的特点。其动态性在空间和时间两个维度上体现得尤为明显：从空间维度看，不同的社会环境下心理健康的表现形式与要求各异，如某一社会或国家中认为健康的心理状态，在另一环境下可能被视为不健康；从时间维度看，个体的心理状态并非一成不变，例如，某一时段的心情波动并不等同于心理不健康。

这也体现出心理健康的相对性，正常心理和非正常心理之间没有明确的分界线。由于这个原因，一些学者提出了心理健康"灰色地带"的概念。具体来说，把心理健康比作白色，把心理疾病比作黑色，在白色和黑色之间有一个巨大的缓冲区——灰色地带。这是一种既非疾病也非健康的中间状态，大多数人都散落在这个灰色区域中。而处在成长发育期的青少年尤为值得关注。

第二节　影响青少年的致命危险
——心理障碍

　　心理健康问题对于个体健康的潜在威胁不容忽视，其严重性堪比病菌对身体的影响。据权威资料显示，当今社会中，约七成疾病的发病根源与心理因素密切相关。更值得注意的是，大约十分之一的患者其病状主要源于心理因素，尤其是情绪波动的影响。这部分人群罹患高血压、冠心病、胃和十二指肠溃疡以及部分皮肤病的概率显著增加。此外，心理障碍的严重程度不同，其导致的健康危害后果也呈现出差异性。因此，维护心理健康同样重要，不可忽视其对个人整体健康的深远影响。

　　北京师范大学的心理专家分析认为，现在很多学生来自独生子女家庭，从小就有一种特殊的优越感。如果不能调整心态适应环境，时间长了就容易形成心理疾病，严重的还可能走向极端。

　　一些心理障碍容易形成攻击他人的行为，这里的攻击与平时的打架骂人现象是不同的概念。青少年是极易发生冲突的群体，由于社会成熟度不够，自我控制能力弱，他们经常用打架骂人的方式来制造或解决矛盾。在中小学中，打架骂人的现象几乎每天都会发生，可以说在他们中间发生的冲突比成年人要普遍或频繁得多。这种打架骂人的行为几乎可以发生在任何一个学生身上，即使是平时思想进步、学习成绩好的学生，也可能在极端愤怒的时候打人，一个老实巴交、性格温顺的学生也可能控制不住自己，骂出难听的脏话。在受到特殊刺激或特殊情况下，这些打架骂人的现象是人的情绪的正常发泄，是一种过度反应，不属于问题行为，更不能归结为人格异常。

所谓的攻击性行为或攻击性倾向与上面讨论的打架和骂人行为有根本的不同。它具体是指由性格、习惯和旨在伤害他人的非理性冲动而产生的行为。

我们经常会遇到这样的学生，学习成绩落后，也没有什么专长。他们唯一的爱好就是欺负别人：上课时抓住前面女生的头发或衣服；旁边同学站起来时，把他的椅子拿走；别人经过时把脚伸出来……从这些伤害他人的行为中，他们能够获得快乐。在伤害别人时，没有具体的理由，其他同学既没有挑衅他，也没有表示不友好，他们似乎是为了伤害别人而作恶，似乎是发自内心的"坏"。其实，他们这样做是有原因的，只是这个原因不是很明显，需要借助心理学分析才能发现。

这种以伤害他人为目的的行为被称为攻击性，这里的攻击不是为了报复，也不是为了财富，而只是为了满足不健康的心理需求。攻击行为还可以分为几种类型，比如单一型的攻击行为，即攻击者没有任何朋友，非常孤独寂寞，对别人漠不关心，让人无法接近，没有人知道他的内心世界，这种人对别人，甚至对整个世界充满了不满，对自己的生活更是如此，经常通过伤害别人来表达自己的不满。还有一种团伙型攻击行为，即有类似需求的人组成一个紧密的团体，专门欺负别人，中小学里经常可以看到这样的小团体。在某些情况下，很难严格区分攻击性行为和打架骂人的现象，有攻击性倾向的学生会千方百计找各种理由打架，把责任推给别人，他的打架骂人行为似乎总是有特定的原因，这就是心理障碍。

人的心理，尤其是青少年的心理，如果不健康、有障碍，若不进行积极引导，不仅影响青少年的正常成长，严重时可能导致悲剧，成为犯罪的诱因。据南方某市调查，2001年、2002年、2003年，该市青少年犯罪人数分别为520人、588人、537人，分别占社会犯罪总数的16.7%、20.7%、21.3%，呈现出明显的逐年上升趋势。盗窃、抢劫等犯罪行为始终居于青少年犯罪的前列，杀人、伤人、强奸等暴力案件屡见不鲜，且犯罪手段成年化、团伙化、残忍化。青少年心理健康导致的犯罪也成为我国的一大社会问题。青少年犯罪的原因是多方面的，其中最重要的诱因是自身潜意识和不良心理的影响。

第三节　影响青少年心理健康的因素

个人的心理健康因为个体差异，具有隐性的、动态的特征，所以影响心理健康的因素也是极其复杂的，主要可分为三个方面：生物因素、心理因素和环境因素。

一、生物因素

心理健康受多种因素影响，其中生物因素占据重要地位。神经系统的特征类型和内分泌腺的活动是两大关键因素。神经系统的类型特点虽不直接对心理健康产生作用，但在特定条件下，可能会诱发某些心理问题。例如，国外一项涉及双胞胎的研究证实了先天神经系统特征在心理障碍易感性方面的作用。具体来说，具有兴奋性神经系统强而不平衡特征的人（如胆汁质类型），往往更容易出现冲动和易怒等心理问题；而神经系统较弱的人（如抑郁质类型），则可能更容易感受到孤独和产生低自尊的心理问题。这些发现为我们更深入地理解心理健康问题提供了重要参考。

内分泌系统的分泌活动对青少年的心理状态具有显著影响。以甲状腺功能亢进为例，其会导致神经系统过度兴奋，表现为兴奋、紧张、易怒和多语等心理及行为特征。相反，甲状腺功能减退则可能引发智力低下、记忆力衰退、联想和语言能力下降以及条件反射延迟等问题。此外，肾上腺功能亢进的人倾向于表现出兴奋和激动的情绪，而功能不足者则可能出现抑郁、疲劳和对工作失去兴趣的现象。若垂体功能过强，可能会表现为冷漠、心烦意乱、言语迟缓和健忘等症状；而垂体功能不足则可能导致身心发展相对迟缓。

此外，青春期的身体发育也会引发青春期的心理问题，如性发育给青少年带来最初的性冲击（女孩月经、男孩遗精），发育过早或过晚，身体发育过矮或过胖等都会对青少年产生较大、较持久的影响。

二、心理因素

在青少年的成长发育期，心理发展从不成熟到成熟的过程，往往成为诱发青少年心理问题的因素。这一阶段的青少年存在很多问题，比如辩证思维能力相对较弱，容易片面化、绝对化；尚未完全克服以自我为中心的思维倾向，自我评价缺乏客观性，容易过高或过低；情绪自我调节能力不强，容易造成冲动，容易出现情绪波动；生活经验少，缺乏应对挫折的思想准备，对挫折的承受能力低；人生观尚处于形成过程中，对人生、对生活缺乏深刻理解和正确认识，等等。这些都是使青少年容易出现心理问题的因素。

对于青少年来说，往往有一些特定的心理因素导致心理问题的发生，不同的心理学理论有不同的解释：有学说认为心理问题主要是由追求自我实现的障碍引起的；也有学说认为心理问题是由于个体人格结构中的三种力量：自我、本我和超我之间不能保持动态平衡而引起的；还有的认为心理问题是由于不适当的调理强化而引起的；有的认为心理问题是由对挫折的不正确认知评价引起的；等等。

三、环境因素

青少年的生活规律和环境相对比较稳定，影响青少年心理的环境因素主要包括家庭环境、学校环境和社会环境。

家庭是青少年成长的摇篮，父母的教育和引导对青少年的人生发展起着无法消除的作用。健康的家庭，温馨的氛围，良好的教养，使青少年身心愉悦，身体健康；而家庭自然结构的破坏或长期分离，成员关系的疏远或对立甚至敌对，疏于管教或溺爱等，将直接影响青少年的身心健康。家庭的变化、突发事件等也会给青少年的心理带来意想不到的负面影响。

学校是青少年学生学习和生活的主要场所，他们的大部分时间都在学校度过。因此，学校生活对学生的身心健康有很大影响。学校教师的纪律作风、校风和班风、师生关系和同学关系都会对学生身心健康的正常发展产生直接或潜移默化的影响：民主的纪律作风、良好的校风和班风、和谐的师生关系和同学关系，有助于青少年学生保持良好的心态，形成积极健康的心理；反之，则可能使学生冷漠、叛逆、焦虑、恐惧、自卑。此外，学业负担过重、师生关系不融洽、同学关系不融洽，都不利于形成积极健康的心理。此外，过重的学业负担和考试压力也成为青少年在学校形成不良心理的负面诱因，应引起教育工作者的高度重视。

宏观的社会环境，包括社会风气、媒体报道、社区活动等，也影响着走向社会的青少年，特别是随着时代的发展和社会信息化程度的提高，网络传播、影视观赏、直播平台等对青少年的影响越来越大。良好的社会环境是青少年以健康的心理完成社会化任务的重要条件，而不良的社会环境则是导致青少年心理不健康的重要外因。如网络游戏、直播平台、社交软件等，会使辨别力和自制力不强的青少年沉迷其中而不能自拔；一些成年人扭曲的价值观和消极的人生观也会使青少年感到迷茫、困惑、烦躁和不安，给他们的成长带来负面影响。政府部门不允许在学校周边开设不适合青少年的商场、商店，明确禁止为青少年开设某些活动场所，也是出于尽可能净化青少年社会环境的考虑。

第四节　青少年心理发展的矛盾性特点

人的行为与心理发展紧密相连，而心理发展又与生理发展有着密切的关系。青少年时期，生理和心理都经历着显著的变革，然而这两者的发展速度并不一致。相较于生理的迅速发展，青少年的心理发展，如认知和社会性等方面，往往进展相对缓慢。因此，他们的身心状态常处于失衡之中。这种不平衡的发展状态，容易引发青少年内心的各种矛盾与冲突。

一、自尊与自卑

鉴于青少年尚不能全面、准确地评估自身智力潜能及性格特点，他们通常难以形成客观、全面的自我评价。他们倾向于仅凭一时之感就草率地对自己下结论。在青春期，他们可能会因为几次甚至一次偶然的成功而沾沾自喜，过度自信；反之，几次偶然的失败也可能使他们陷入自我怀疑，深感自卑。这种情绪起伏交替的现象，是青春期的一个显著特征。

二、否定童年和依恋童年

随着生理上的成熟，青少年对成年的理解逐渐加深，他们倾向于将自己与更年幼的孩子区分开来，并努力摒弃那些被视为幼稚的行为。然而，在他们试图否定自己童年的同时，内心深处可能会涌现出"作为孩子是多么美好"的想法，这揭示了他们对童年的深深眷恋。毕竟，随着年龄的增长，他们所面临的困扰和责任也日益增多。当面对新环境的挑战或学习压力时，他们可能会感到力不从心，这时对无忧无虑童年的渴望和怀念便显得尤为明显。因此，他们在保持童心的同时，格外渴望得到父母的关怀和理解。

三、独立与依赖

青春期是人生中一个充满独立意识与成人感的阶段，青少年在此时期对自我身份的认同逐渐增强，因此在面对父母、教师或其他成年人的意见与建议时，他们可能会表现出一定的抵触情绪。在穿着打扮以及对人对事的看法上，青少年往往与成年人持有不同的观点，这反映了他们逐渐形成的独立思维。

然而，值得注意的是，尽管青少年在努力寻求独立，但他们并未完全摆脱对成人的依赖。这种依赖在青春期阶段呈现出新的特点，即从过去的情感和物质依赖转变为对成人精神层面上的理解、支持和保护的渴求。这种依赖与独立并存的复杂性质，反映了青少年在努力塑造自我身份的过程中，既希望通过展现独立人格来获得外界的认可，又可能通过依赖成人来掩饰自身的不足。

美国心理学家霍林沃思将这种试图与父母和童年经历决裂的行为称为"心理断乳"。尽管青少年在这一阶段试图减少与成人的联系，但他们在现实生活中仍需要成人的引导和协助，尤其是在遭遇挫折时。因此，家长和教育者应当给予青少年适当的支持和理解，帮助他们顺利度过这一关键的发展阶段。

四、闭锁心理与交往需求

闭锁心理，乃青少年成长过程中的一种心理特征。当青少年步入青春期，其独立性和自尊心逐渐增强，导致其逐渐摒弃了儿童时期的外向、率真、天真与幼稚。他们开始拥有个人的"私密空间"，倾向于自我封闭，不愿轻易展示内心世界，因此心理活动显得相对封闭。此外，部分青少年对外界的不信任与不满情绪加剧了这种闭锁倾向。

另一方面，青春期的青少年内心体验越发丰富多彩，他们深切渴望被理解与关注。这种内在的矛盾使得他们容易感到孤独与寂寞，期盼有人能关心、理解自己，并渴望与他人建立联系。

五、性行为与道德规范

弗洛伊德理论指出，青少年阶段个体易产生性冲动，这种冲动引导他们向往与异性建立亲密关系，以满足性需求。然而，根据社会既定规范，此阶段并不适宜发展恋爱关系，这种情形被称作"早恋"，意指个体尚未达到适宜恋爱的年龄。在这一阶段，青少年正处于学习成长过程，经济尚未独立，且未达法定婚龄。因此，婚前性行为并不符合社会道德规范，由此产生了青少年性冲动与社会道德规范之间的矛盾。这种矛盾在青春期性行为中尤为突出。

第五节 青少年心理障碍的主要表现

随着社会的稳步前进和科技的高速发展，我们的生活正在经历日新月异的变化。这种快速变革的环境导致人们所面临的竞争压力和各种挑战也在不断变化，进而对青少年的心理健康产生了深远的影响。部分家长在教育孩子时，往往走向两个极端：一是过于严厉和刻板，二是过度保护和溺爱。这两种方式都剥夺了孩子在成长过程中遭遇适度挫折和困难的机会，使得他们的心理变得更为脆弱，容易受到外界不良因素的影响。据权威统计数据显示，中国至少有3000万未成年人正在面临焦虑症、抑郁症、学习障碍以及其他各种心理问题的困扰。

根据媒体报道，我国现有心理亚健康青少年人口规模达到3000万。每年，因心理问题导致的青少年死亡人数不低于25万。在近年来的青少年死亡统计中，自杀已超越车祸、疾病等其他因素，跃居首位。此外，一项覆盖22个省市的全国性调查显示，近十三分之一的儿童和青少年在人际关系、情绪稳定以及学习适应性方面面临困扰。

从心理学角度看，青少年在青春期出现不同程度的心理障碍，大致有以下10种表现。

1. 过于理想化：沉浸在理想的王国里，眼高手低，不愿脚踏实地，按部就班地学习，这山望着那山高，一件事没做完，又想着第二件事，不切实际。

2. 严重自卑：认为一切都不如别人，被人冷眼相待更是无法忍受，总觉得自己是个外人，郁郁寡欢，自暴自弃。

3. 自闭心理：有的青少年意识到自己的思想感情与别人不同，不容易被别人理解，所以往往把自我体验封闭在内心，不愿向别人表白。

4. 悲观心理：悲观情绪是指当自己的期望没有得到满足，自己的需要没有得到满足时感到沮丧的心理体验。它使一些青少年产生不正常的自我评价和期望，从而导致社会适应功能失调。

5. 嫉妒别人：这不仅妨碍他人，也会伤害自己，对成长极为不利。

6. 分数至上：过于关注考试的分数和排名。在这种唯分数论的心理支配下，一些青少年不得不为"分"而战，稍有差池就难以接受。

7. 胆小怯懦：有这种心理的青少年过于谨慎，小心翼翼，常常忧心忡忡，优柔寡断，稍有挫折就退缩，不愿做事。有这种心理的青少年一般气质也比较弱，对创新、成功漠不关心。

8. 容易情绪化：青少年的情绪变化是两极的，容易感动、喜悦、兴奋和激动。同时，也容易悲观、抑郁、忧伤和苦闷。对于青少年的这种正常心理活动，在行为过程中要正确引导，减少负面影响。

9. 不良习惯：习惯的形成，一个是自身的发展，一个是传统的影响，由于长期以来形成的节奏缓慢、求稳怕乱、安于现状等保守的心理习惯，就出现了这种阻碍青少年成长的不良习惯。

10. 抱怨逃避：一旦遇到挫折、困难或不尽如人意的事情，就会抱怨，感叹自己"怀才不遇"，满腹牢骚，失去对生活的兴趣，对美好事物的追求。这种厌烦情绪容易消磨青少年的雄心壮志，是成功的致命伤。

第六节 了解心理发展对教育和教学的意义

了解青少年的发展对教师很重要吗？

教师是否应深入了解青少年的发展特点，这对教育教学工作至关重要。仅仅掌握自然科学、数学、语言、艺术、社会研究等某一知识领域的专业知识，而忽视对青少年发展特点的了解，将对教育教学产生不利影响。有效的教育教学不仅要求教师向学生传授知识，更要求促进学生的全面成长和发展。若教师不了解青少年心理发展的基本规律，其教学活动可能陷入被动。因此，教师应努力成为既具备专业知识，又能有效指导学生学习和成长的专家。

教育教学应根据青少年身心发展的顺序性，遵循由浅入深、由易到难、由低到高的顺序，"循序渐进"不能"拔苗助长"。首先，要根据青少年身心发展的阶段，教育教学要根据不同年龄段学生的特点，提出不同的要求，采用不同的内容和方法，还要做好各阶段的教育教学工作衔接。其次，要根据青少年身心发展的不平衡性，即青少年身心发展的速度和成熟程度是不同的，不同方面的发展也是不平衡的，有的方面在较早的阶段可以达到较高的水平，有的方面则要晚一点成熟，等等。教育教学要适应青少年身心发展的成熟度和敏感度，这样才能在不耽误教育教学的前提下取得最佳效果。再次，根据青少年身心发展的稳定性和可变性，教育教学既要看到青少年身心发展的稳定性，把它作为教学的出发点和依据，又要看到可变性，努力创造良好的社会和教育条件，充分挖掘潜力，使其更快更好地发展。最后，根据身心发展的个体差异，在教育教学中要贯彻因材施教的原则。

依据青少年心理发展的内容和水平，环境和教育的适宜性可以为青少年的最佳发展创造条件。

作为教师，我们需审慎思考以下核心议题：发展的过程是连续的，但其速率和阶段性各异；发展呈现出有序性和方向性；个体的成长过程并非均衡一致，存在明显的个体差异。值得注意的是，发展受到成熟度的深刻影响与制约，遗传素质和生理成熟度构成了发展的基石，特别是大脑的成熟程度对认知和语言能力的提升至关重要。此外，学习与经验的累积对青少年心理发展的内容和水平起到决定性作用，而环境与教育的适配性则为青少年的最佳发展提供了必要的条件。

第二章

美术教育与学生心理健康教育

第一节　中学生心理发展的三个基本规律

与成年人相比，中学生的心理活动通常展现出更为剧烈与复杂的特点。他们在生理与心理层面经历了许多前所未有或不太明显的心理体验，这导致了他们身心发展的速度加快，并伴随着质的变化与过渡。尽管如此，中学生的心理发展仍然遵循一定的内在规律。掌握这些规律对于有效实施中学心理辅导工作至关重要。

中学生心理发展的过程遵循一种不可逆转的顺序性。这意味着其心理成长在小学阶段奠定基础，逐步发展，并遵循一定的顺序，既不可颠倒，亦不可逾越。因此，小学阶段学生的心理状况对其初中阶段的心理发展具有直接的影响，而初中阶段的心理发展又进一步影响其高中阶段的心理发展。以思维发展为例，这一过程从相对较低级的行动思维逐步发展到形象思维，进而达到抽象的逻辑思维和辩证思维。在小学阶段，学生的学习活动主要依赖于具体的形象思维，随着年级的升高，逐渐开始向逻辑思维过渡。到了初中阶段，学生的思维活动主要以逻辑思维为主，这为他们在高中阶段进行更为抽象的学习活动奠定了心理准备。进入高中后，学生的辩证思维、创造性思维和空间思维的速度显著提升。因此，在设计学习心理辅导活动或处理相关学生心理问题时，必须充分考虑不同年龄阶段学生的心理发展水平。

不同的发展速度。同一学生在不同年龄段的心理发展速度是不同的。有时发展速度相对平缓、平衡，有时发展速度突然加快，出现质的变化。以思维发展为例，初中二年级是学生思维发展的关键时期，有意识地训练学生的逻辑思维能力，有可能使学生的思维能力迅速提高到一个新的水平。因此，心理辅导应根据学生身心发展的不平衡性，充分把握这些重要阶段的"关键期"或"过渡期"，努力提高辅导的有效性。

个体差异的发展水平不同。中学生的心理发展既反映了发展水平的共同特点，也反映了个体差异，同样的模式对每个学生来说可能是不同的。心理发展的个体差异和个性特征贯穿于心理发展的全过程。这种差异可能是由遗传带来的，可能是由环境条件造成的，也可能是由成长经历，特别是教育方法造成的。作为一名心理咨询教师，在咨询过程中要根据学生的实际情况，认真区分。不能把正常发展和人格发展看成是代表两个极端的互不相容的概念，就像软和硬，水和火一样。事实上，许多有学业困难或行为问题的学生并不都是"问题学生"，而只是在发展过程中存在一些差异。

学生心理发展的内在规律是相互联系、不可分割的。发展过程中有不平衡，也有差异，这些基本规律制约着中学生各种心理因素的产生和发展。

第二节　学生心理健康的测量标准

美国知名心理学家马斯洛与米特尔曼共同归纳出正常人心理应具备的若干准则与条件，这些包括：拥有出色的环境适应能力；对自我有深刻认知，并能准确评估自身行为；确立符合实际的个人理想与人生目标；与周围环境建立和谐关系；实现个性全面协调发展；善于从经历中汲取教训；维持恰当友好的人际关系；运用恰当方式表达与调控情感；在团体与社会准则允许的范围内展现个人特质；确保个体基本需求在社会框架内得到妥善满足。

马斯洛和米特尔曼的这些标准具有一定的参考价值，但在对人的评价上，标准有些高。正常人都会有这样或者那样的缺点，绝大多数人不可能完全符合上述的标准。因此，一般来说，在对照上述标准时，哪怕稍有出入，但拥有正常的社会生活，就可以认为是正常人。

在总结国内外有关研究的基础上，结合我国的实际情况，结合我国社会、经济发展的需求，以及最新研究成果，我们对于学生心理健康的测量标准提出了8条基本参考。

1. 智力正常。能正确客观地认识自然和社会，头脑清醒，能以积极正确的态度面对现实问题、困难和矛盾，既不回避也不胡思乱想。智力包括观察力、记忆力、注意力、思维力和想象力，以及各种操作能力。

2. 情绪反应适中。情绪表现为乐观稳定，心胸开阔，对一切都充满希望，既不为小事唠叨，也不冲动鲁莽，能保持正常心态，用愉快的情绪感染人。

3. 健全的意志品质。有一定的自觉性，能独立自主地控制自己的言行，既不刚愎自用，也不盲目从众，在实践中注意培养自己的果断性，经得起挫折和磨难。

4. 自我认识正确。在群体中自觉、自信、自强、自重，少有自卑感，对人不骄不躁，对自己的长处和短处有正确的评价和要求，在实践中不断开发潜能，实现自己的理想和人生价值。

5. 人格结构日趋完善。人格是指个体一贯的、固有的、区别于他人的心理品质之总和，涵盖了心理倾向（需求、动机、兴趣、意志力、人生观等）和心理特征（能力、气质、性格等）两个方面。随着生活条件的改善、教育程度的提升以及生产和社会实践的丰富，个体的人格结构将逐渐趋向完善。当前，教育系统正经历深刻的变革，旨在将青少年的教育由应试教育向全面素质教育转变，从而为个体人格结构的持续优化提供更有利的条件。

6. 良好的社交能力。社会交往是构建人类社会关系的基石。在社会互动中，个体应积极并擅长与他人建立联系，努力与多数人形成和谐的人际关系，珍视友谊，不排斥他人的善意与支持。在交往过程中，展现出更多积极的情感与态度，如热情、坦诚、尊重、信任与宽容，以营造融洽的氛围。同时，应避免消极的情绪与态度，如嫉妒、冷漠、怀疑、过分谨慎和算计。当置身于新环境时，个体应能快速适应，并与他人建立紧密的联系。

7. 行为举止得体。在生活态度上，我们应保持积极乐观的心态，珍视一切可以学习和工作的机会，以充实自我、提升能力。在行为表现上，我们要展现出独立自主的特质，不依赖他人的评价或行为作为自己行动的标准。我们要有坚定的立场，既不盲目跟从他人的脚步，也不轻易受到外界的诱惑，坚持自己的原则和价值观。在工作中，我们要做到有所为而有所不为，既要有所作为，也要明确自己的底线和界限，不越雷池一步。这样的态度和行为，将有助于我们在生活和工作中取得更好的成就和发展。

8. 反应力。在面对外界事物的反应和活动时，我们能够保持积极主动的态度，以高效的方式应对各种挑战。我们注重行动的实际效果，避免冲动和浮躁，不敷衍塞责，始终保持严谨、稳重和理性的工作态度。

第三节　心理教育方向

绘画疗法之心理教育取向，涵盖三大核心部分：行为取向、认知行为取向与发展取向。行为取向之绘画疗法深得行为疗法之精髓，坚信人之行为乃学习之产物，无论善恶皆然。其理论基石涵盖经典条件反射理论、操作性条件反射理论及社会学习理论。经典条件反射理论主张，人类行为多源于后天学习。换言之，个体若处于优越环境，经适度学习，或能塑造出正常且健康之行为模式；反之，若个体置身于不利环境，因不当学习，恐将形成不良行为。操作性条件反射理论，虽同样认为行为乃后天习得，但其独特之处在于，强调个体通过主动操作寻求刺激，并将强化视为关键激励因素，引导个体倾向于特定活动或行为之形成。

社会学习理论也认为，人的行为是后天习得的，但不一定是通过直接强化，而是通过四个阶段的学习：注意、保持、再现和动机，以某些榜样作为观察和模仿的对象。通过这些学习阶段，个体将角色模型从心理表征转化为实际的模仿过程，从而使个体形成与角色模型类似的行为。

美国艺术教师是第一个将行为主义原则应用于艺术治疗的人，并创造了"现实塑造"的方法，即教师创造一个儿童作品的二维或三维模型，儿童通过观察学习绘制之前的概念。这种方向的绘画疗法主要用于有情绪障碍和智力迟钝的儿童。

绘画疗法，基于认知与行为疗法的核心理念，强调认知过程在调节行为与情绪中的核心作用。其基本理论框架认为，不适当的行为或情绪反应往往源于错误的认知方式。在这一框架下，治疗师的任务在于协助求助者识别并纠正这些不恰当的认知。通过提供针对性的"学习"或训练机会，治疗师帮助求助者形成更加现实和合理的认知方式，从而改善其情绪状态和行为表现。随着错误认知的逐步转变，求助者的社会适应性也将得到显著提升。

在认知行为疗法中，特别强调研究学生的适应不良的认知和思维方式，并将自我挫败的行为视为学生适应不良的认知的结果。所谓适应不良的认知，我们指的是扭曲的、非理性的、消极的信念或想法，它们往往导致学生的情绪困扰或适应不良的行为表现。它不仅重视改变不适应或有问题的行为，而且重视改变学生的认知风格，以及认知、行为和情感之间的和谐与协调。因此，在艺术治疗中使用认知行为技术，如绘画，其主要目的是让学生有一种内在的控制感。这种取向特别适用于儿童和青少年的治疗。

艺术治疗的发展方向是基于各种发展理论，即绘画可以反映个人的发展状况，主要适用于有发展迟缓或身体残疾的学生。治疗过程中，学生在教师的指导下完成一定的绘画任务，实现各种能力的发展。

第四节　艺术教育对心理健康教育的意义

青少年正处于身心快速发展和社会化的重要阶段，心理健康对于他们来说有着更为特殊和重要的意义。

一、有益于身体发育

心理对身体的影响在中国古代医学经典《黄帝内经》中已有揭示，并被现代医学所证实。随着青少年的成长，心理对身体的影响尤为突出。研究发现，不良情绪会抑制生长激素的分泌，影响青少年的身高；压力和焦虑会加重青春期高血压的倾向和痤疮、痒疮的发病率。神经性厌食症不仅会造成青年女性闭经，还会导致骨质疏松，更严重的是，即使以后恢复了正常食欲，也会留下各种后遗症。因此，促进心理健康可以降低青少年疾病的发生率，促进青少年的生长发育，提高其身体素质。

二、有利于人格发展

青少年的心理健康对人格发展有很大的影响，它发生在两个方面。首先，青少年的心理健康状况最初反映的是一段时间内的心理状态，但随着时间的推移，会形成相对稳定的人格特征。例如，如果青少年在学校生活、学习、活动、与同学交往等方面都很快乐，时间长了就会形成乐观、积极的人格倾向；如果青少年受到同学的欺负或排斥，往往会感到恐惧和压抑，时间长了就会产生抑郁和消极的人格倾向。一项对54名有心理健康问题的中小学生从一年级到高中二年级的研究表明，与普通学生相比，有心理健康问题的学生具有明显不同的人格特征：前者表现出一系列不良的人格特征，如更粗心、冲动、不耐烦、孤僻、任性、不听话等。其次，青春期某方面的心理健康问题也会对人格发展的其他方面产生影响。例如，患有严重抑郁症的青少年也会影响他们在学习方面的认知活动，进而影响他们的智力发展。美国临床心理学家埃利斯甚至认为，认知障碍是所有人格障碍的根源。

三、促进社会发展

心理健康的人天生善于交际，容易被别人包容，形成一个好朋友的圈子，这对青少年的社交具有重要意义。这是因为与同龄人群体的互动在青少年的社会化过程中起着极其重要的作用。如果说家庭是青少年成长为社会人的第一个地方，那么同龄人群体就是第二个地方。正是在这样一个地方，青少年个体在与同伴交往的过程中，可以学到很多社会知识、社会行为规范、社会交往技巧、社会活动经验、情感体验和表达能力等，有利于青少年人格的和谐发展和社会适应能力的提高。

四、有利于素质的全面发展

在前面的观点中，我们其实已经看到，心理健康可以促进青少年各方面的发展。这里需要指出的是，心理健康不仅是促进青少年各种素质发展的重要中介，而且也是21世纪现代学校教育所强调的青少年全面发展的各种素质中的重要组成部分。换句话说，心理健康本身就是未来青少年的一种重要素质。因此，心理健康对青少年素质的发展具有双重意义：作为中介和手段，它有助于其他素质的发展；作为对象和目标，它丰富了素质体系，充实了素质的内涵。

五、有利于成功和未来

过去，人们总是有这样的认识：身体是革命的本钱。现在看来，这种观念也需要改变。准确地说，健康是革命的资本。这里的健康不仅是指身体健康，还包括心理健康。从某种意义上说，心理健康也处于不可以忽视的地位。许多年轻人即使拥有强健的体魄，发达的四肢，但由于各种不健康的心理因素，如自卑、缺乏毅力，最终落得个平庸、虚度一生。另一方面，有的年轻人即使身患疾病，严重残疾，但由于心理健康，始终以乐观的态度笑对人生，以惊人的毅力奋斗，以智慧和勤奋赢得个人发展和事业辉煌。可以说，心理健康使人获得智力因素和非智力因素的完美结合，从而为成功和事业提供了三个最基本的条件：高效率的智能活动、不畏艰难的精神和坚韧不拔的意志。正如张海迪所说，"残疾并不可怕，可怕的是失去进取的勇气和自信"。心理健康的残疾青年的故事，能更充分地体现出心理健康对个体内在潜能的深入挖掘功能，以及对青年成才的巨大促进作用。

第五节　在美术学科课堂教学中渗透心理教育

　　美术课不仅要让学生学到丰富的美术知识，更重要的是要让学生在美育中得到健康、和谐、良好的心理教育，使学生的身心得到全面发展。因此，在工作中，我尝试从以下三个方面加强对学生的心理教育，并取得了预期的教学效果。

一、欣赏美术作品时对学生的心理教育

　　人们发现，艺术作品及其构成要素具有良好的心理治疗作用。英国心理学家斯宾塞曾说："如果没有绘画、雕塑、音乐、诗歌和各种自然美所引起的情感，生活的乐趣就会失

去一半，这将为各种疾病的入侵打开大门。"尼罗河畔胡夫金字塔的宏伟形状和三角形的稳定曾给数百万埃及奴隶带来巨大的心理震撼。中国蜿蜒的长城是中国宏伟的象征，也是中国民族精神的象征，它无形中给每个中国人的心理注入了激情和活力。所有这些都足以证实艺术作品对人类心理的巨大影响。心理学家还认为，艺术造型中的各种图案、符号，甚至单一元素，如某一线条、某一造型、某一色彩、某一构图等，都可以看作是传递特定联想信息的符号，给人截然不同的心理感受和心理影响。例如，水平线的开阔感，三角形的稳定感，波形的运动感，折线的躁动感，旋转图形的眩晕感，等等。德国著名诗人歌德对色彩的心理作用研究了二十多年，他证明"蓝色能使人的心理产生寒冷感，红色使人感到恐怖，绿色含有仁慈与和解，具有抚慰眼睛和心灵的作用"。一位聪明的欧洲足球教练把足球运动员休息的更衣室涂成蓝色，以营造一种轻松的气氛；但当他向球员发表最后的鼓励讲话时，却让他们走进涂成红色的接待室，以营造一种振奋人心的背景，这可以说是善用色彩心理影响的一个典型例子。作为一名美术教师，应该熟知美术构成要素的心理作用，为在教学中实施心理教育服务，使学生在欣赏美术作品的同时，身心得到愉快和谐的发展。儿童美术教育应把儿童带入一个美的世界，获得美的体验，享受美的乐趣。还可以培养他们真挚美好的情感，陶冶学生高尚的情操，给他们以良好的心理教育。

二、学生美术作品创作中的心理教育

首先，美术创作需要集中精力，绘画程序有严格的结构，有利于帮助学生达到最佳心理状态。美术工作的过程是自由和独立的，没有任何强迫性。建议学生在教师的指导下，敞开心扉，认识和发展自己，释放自己的感情，通过严格的作业程序要求来控制自己。自我心理的培养，是青少年人格全面发展的核心问题。通过艺术工作的过程，学生的自我意识被唤醒，自我心理得以形成，自然会摆脱长期以来对父母和教师的依赖，使其依赖性逐步得到纠正。也有相当一部分学生缺乏认真完成美术作业的习惯。除了他们自身缺乏明确的学习目的外，存在严重急躁、焦虑的心理也是一个重要原因。美术作业的强烈秩序性是治疗这种不良心理的良药。教师要严格按照程序要求，一丝不苟地加强作业辅导，这样，克服焦虑情绪就会收到立竿见影的效果。

其次，美术作业的过程对学生来说是一个艰苦细致的劳动过程，学生在这个过程中会遇到很多困难。例如，理解理论的困难，准备美术材料的困难，因粗心大意而造成作业不良的困难，失去良好习惯的困难，作业效果不好而得到他人评价的困难，等等。要求学生完成作业，克服遇到的各种困难，以增强学生的抗挫折意识，矫正学生脆弱的心理。虽然学生有一定的心理障碍，存在很多心理问题，但教师在辅导学生美术作业的过程中，要注意挖掘学生身上的"闪光点"，发现并表扬他们做作业过程中的优点，增强他们克服困难、完善自我的动力。比如，有的学生构思大胆，想象奇特；有的学生制作精细，一丝不苟；有的学生成绩一般，但色彩漂亮；有的学生卷面整洁，态度认真；有的学生思路活跃，想法独特……教师在评定作业成绩时应给予表扬。教师要引导帮助学生很好地完成作业，最后取得成功。因为，它可以让每个学生亲身体验到通过努力和奋斗最终获得成功的快乐。它使那些灰心丧气的学生认识到"我也可以画得很好（或做得很好）"，使他们有积极向上的心理需求，以培养进取心，克服自卑心理。艺术工作的结果应该是每个学生都能快乐地取得成功。总之，艺术具有音乐和诗歌的意义，所以特别感人。艺术工作的过程（创作过程）必须全身心投入，使人宁静致远，对心理教育有着不可替代的作用。

三、在美术实践活动中加强学生的心理教育

美术课程以外的美术活动和学校的各种美术活动，如美术展览、美术比赛、美术讲座、美术墙报、美术兴趣小组活动、校园美化等，都为学生的心理健康发展开拓了广阔的天地。在这些丰富多彩的艺术实践活动中，教师与学生、学生与学生之间的沟通得到加强，理解得到增进，平等、信任、同情、责任等情感体验得到极大的拓展，同伴之间容易产生

情感共鸣，集体活动与学生个人感受的结合，无疑有利于学生自主心理、进取心理、相容心理的发展，克服和治愈固执、孤独、封闭心理。集体活动与学生的个人感受相结合，无疑有利于培养学生的自主性、进取性、相容性，克服和纠正固执、孤独、封闭的心理。

总之，教育，特别是美术教育，不仅仅是教给孩子们一些具体的美术知识和技能，而是要把他们培养成心理健康的人，具有正确审美观的人，德智体美全面发展的人。

第六节　校园心理辅导的沙盘疗法

沙盘疗法是心理辅导的一种形式，以其简便操作实用高效而成为中小学开展心理辅导使用率比较高的一种辅导方法，在中小学心理辅导中能够发挥非常重要的作用。沙盘是学校心理辅导室必备辅导工具，因此，下面重点介绍沙盘疗法。

沙盘疗法是在心理辅导教师的陪伴下，来访学生运用玩具、沙箱等有形之物，用象征的形式、心象来表现自己的无意识世界。完成之后，心理辅导教师请来访学生就作品内容进行解释、确定主题，通过与来访学生对话，理解制作的沙盘作品，从而达到治愈的效果。人们在提到沙盘疗法时还经常使用世界技法、沙盘游戏等一些名称。沙盘疗法具体包括以下几个过程。

一、引导沙盘疗法

在心理辅导中如果突然引入沙盘疗法，可能让来访学生不了解，有可能引起来访学生的抗拒。如果心理辅导教师向来访学生介绍沙盘疗法对解决其心理问题的好处，就有可能引起来访学生的期待和配合。比如，心理辅导教师可以说：我辅导过几个类似于你现在情况的案例，通过沙盘疗法，他的问题得到了很好的解决，你可以尝试一下。一旦来访学生同意进行沙盘疗法，辅导教师就可以详细地向来访学生介绍沙盘疗法、玩具、沙箱以及制作过程。可以让来访学生感受一下沙子，辅导教师也可以移动沙子向来访学生进行示范，并且可以移动沙子露出沙箱的底部，并向他解释这时候蓝色看起来像水，而箱子侧面的蓝色看起来像天空。同时向来访学生展示玩具，并告诉他可以不用玩具，也可以用一些玩具或者很多玩具。然后告诉来访学生玩具摆放的规则，帮助学生比较容易地找到自己需要的玩具。同时向来访学生说明，在结束之前，可以对自己的作品进行任何改变，可以创造出他想要的任何东西。

心理辅导教师的引导语可以是"请用这些玩具和沙箱，随便做个什么，你想怎么做就怎么做，没有时间限制"。或者可以更详细一些："你可以按照自己的意思在沙中创造任何世界，做出任何场景或者图像，或是创造任何故事，你不必思考它或者了解它，想到什么就做什么，你可以选择对你有吸引力或者正向的玩具，也可以选择一些厌恶的或者负向的玩具，不管你做什么都可以，做沙盘没有对错之分。"

来访学生可以坐着、站着，可以根据来访学生感到舒服的方式进行调整。告诉来访学生他可以沉默、说话，或者向辅导教师要求协助，但是辅导教师只是作为一个陪护者见证沙盘疗法的过程，一般不参与沙盘的制作。在第一次沙盘疗法的时候，辅导教师可以告诉来访学生：你可以在沙箱内做游戏，并且按照你的意思从玩具架上选择物件，如果你找不到玩具，可以问我，我可以告诉你在哪里找到，或者可以用哪些玩具代替，在制作过程中，我会保持沉默，除非你需要我的帮助。

二、制作沙盘

向来访学生介绍完沙盘疗法的有关设置之后，就可以进行沙盘的制作了。在制作过程中，辅导教师要做静默的见证者，一般要坐在沙箱的侧面，要默默见证来访学生无意识世界的流露和表达，尽管不说话，但是可以通过目光、身体语言以及偶尔的应答，让自己的无意识与来访学生的无意识进行交流对话，帮助来访学生的自性显现并逐渐整合自己的心理。要给来访学生创造一个自由且安全的环境，让来访学生在沙盘制作过程中能体验到回归童年的感觉，就像在妈妈身边那样安全而受保护，这是沙盘疗法至关重要的。

心理辅导教师还要有共情理解的态度，设身处地地体验来访学生的心理和情感感受。心理辅导教师要随着来访学生的思路走，不能在来访学生制作沙盘的时候表现得无所事事，心理辅导教师要以一种欣赏的态度来对待来访学生制作的场景，要如同在心理辅导过程中一样对来访学生进行无条件的关注。

整个过程中心理辅导教师要像母亲一样对待来访学生，对于来访学生的制作过程、作品本身以及解释，总是像母亲一样慈祥，以一种欣赏、鼓励的眼神对待来访学生，使其心灵深处那种孜孜不倦的自我整合的力量得到发挥，在适当的时候给予一定的帮助，要相信来访学生自我实现的潜能，相信他有能力实现人的整合。让来访学生感受到辅导教师像母亲一样维护自己的利益，欣赏自己，来访学生会没有阻抗地让自己的无意识内容在自由、安全、包容的空间里充分展示，再经过整理后慢慢走向整合。当来访学生实现自我整合后，不需要别人扶持的时候，辅导就可以结束了。

总之，沙盘疗法的过程就是一个治疗和个人体会的过程，心理辅导教师要做的是传递给来访学生信任和支持，而这种传递，不是语言的或行为的，而是心灵的。在沙盘制作过程中，辅导教师要记录下玩具摆放的顺序以及来访学生挑选玩具的顺序和处理方式，注意来访学生对哪些玩具感到吸引、排斥，或者感兴趣。

在沙盘疗法制作的过程中，心理辅导教师还要注意以下细节：

1. 注意来访学生接近沙箱、选择玩具以及创造沙盘世界的方式，来访学生的特点要予以记录。

2. 要注意来访学生挑选玩具的属性，如颜色、质地、尺寸、形状和大小比例。有人会注意玩具大小比例协调，有人则不会。来访学生有时会对玩具进行一些移动，要注意来访学生移动玩具时的行为举止；辅导教师要注意玩具朝向的方向，它们是否偏离或朝向其他玩具，偏离或朝向辅导教师或来访学生。注意玩具在沙箱的位置，高于表面或低于表面，被埋起来还是隐藏起来；要注意玩具的分离或者分割，是否构成几个区域。总之，在来访学生制作过程中，辅导教师要全神贯注地观察来访学生的制作过程。

3. 记录沙盘制作开始的时间和结束的时间。辅导教师要特别注意的是，暂缓（不要试图进行）自己的任何诠释和假设，即便是产生了，也只能在治疗阶段和来访学生进行探讨。如果来访学生制作得过快，可以帮助他进行深入的体验；如果时间快到了，可以温和地提醒来访学生，并且建议把沙盘保留成他想要的样子，方便下次继续进行。

三、体验和重新配置

（一）体验阶段

这一阶段是一个安静、反省的时间，在来访学生告诉辅导教师自己的创作结束时，辅导教师可以告诉来访学生："这个世界是你的世界，花一些时间畅游其中，让它接触你的内在，不要只用你的眼睛，同时也要用你的所有感官来体验它，探索它，并且了解它。你可以保持沉默，或者分享出现在你身上的任何感受。"这时候来访学生会转移到更深层次。辅导教师在这一阶段不要做任何评价，辅导教师的任务就是无条件接纳来访学生的创作。这时来访学生说话，辅导教师只需要进行一些反应性的回应，如果来访学生表现出情绪线索，辅导教师可以引导他"似乎深深地触碰到了你的心"，而不是进行诠释和建议，也不要提问题。辅导教师还可以建议来访学生围着沙箱走一下：从不同角度看事情或事物，它们看起来就会不同，你可以围绕着沙箱走，并且从侧面、上面看看你的世界。这个阶段一般需要5分钟左右，如果来访学生过快地结束本阶段，可以建议他再一次进入自己的内心。

（二）重新配置阶段

当来访学生体验过沙盘之后，他们可能希望改变自己的作品，这时辅导教师可以说："既然你已经全部体验过了，你可以发现它就是你希望的样子，或者你可能发现你想对目前的世界进行改变，你可以移动任何玩具，添加或者移出任何你觉得合适的玩具。"来访学生进行调整后，要让他进行重新体验，并对来访学生的改变进行记录。

四、沙盘作品的理解和对话

沙盘疗法的作用机制之一就是让来访学生无意识化，在辅导阶段，辅导教师是来访学生探索无意识以及将无意识与现实搭建起来的桥梁。

（一）倾听讲述

先询问来访学生是否愿意做辅导教师的向导，介绍一下他创造的世界，以便辅导教师了解来访学生的观点。这时教师可以说："你刚刚创造了一个新世界，我对这个世界了解不多，是否请你带我参观一番，向我介绍一下这个世界是什么样子，再带我认识一下有没有什么人物和趣事。"

来访学生可能只是一个简单的回顾，辅导教师要引导来访学生详细介绍他所创造的这个世界，这本身也是一种治疗。如果来访学生保持沉默，不想描述这个世界，辅导教师必须尊重他的想法，可以说："你想要告诉我这个世界的任何事情吗？或者只想陪它一段时间而不想谈论它。"由于来访学生所创造的世界是其无意识的流露，不管呈现的方式是什么样的，辅导教师必须对来访学生所描述的事情持开放的态度，并且表现得好像除了其赋予的意义外别无所知一样。

这个过程，心理辅导教师不要用任何方式，不管是身体的还是精神上的，来评论来访学生创造的世界，因为这是他自己的世界，别人是不可能完全理解的，更不能把教师的理解强加给来访学生。

当来访学生描述完所创造的世界，心理辅导教师要注意来访学生的面部表情和身体反应，这时候辅导教师可以问一些话，但不要带有暗示性，并且以中性语言来发问，比如"你的身体哪个地方有感觉"或者"你似乎感受到悲哀、生气或不舒服"，如果来访学生表示没有则不再继续，如果来访学生有情绪体验时，辅导教师要鼓励他停留在情绪中，来访学生可能不愿意停留在难过之中，应借这个机会帮助他把情绪和现实联系起来，这本身也是一种治疗。

有时来访学生会在沙中埋些玩具，或者他不提到某些玩具，遇到这种情况，要在之前询问为什么有这个漏洞。辅导教师可以说"我发现那里有个××，你能说一下它的事情吗？"这时候要观察是否有和来访学生探讨的可能性，这个物体往往具有重要意义。该阶段通常需要5—10分钟。

（二）介入治疗

进入治疗阶段，刚开始先问一些有关他所创造世界的问题，鼓励来访学生更广泛地去创造、体验和探索世界或者世界的一个特定场面。但是辅导教师不要进行分析，而且将讨论集中在沙盘作品上，而不是个案本身。比如，某来访学生可能会在沙盘中摆放一只老虎正在靠近水源,来访学生表示老虎就是自己,并且说自己很饥渴,这时辅导教师只能说"这只饥渴的老虎正靠近水源"而不是"你正靠近水源",因为只有这种中立的态度,才有利于来访学生对问题的充分解释。

心理辅导教师可以引导来访学生从某一个局部进行探索,但不是最情绪化的画面,然后慢慢深入,帮助来访学生探索自己的无意识。沙盘疗法的移情,大部分出现在来访学生与沙盘作品之间,而不是来访学生与辅导教师之间,来访学生基本上是在沙盘上面对自己。在治疗阶段,辅导教师可以根据自己的专业特长选择不同的技术。比较常用的一种技术是双椅技术,就是让人物之间进行对话,比如说"假如青蛙和小鱼谈话,它们会说些什么",通过创造性的想象演出,来访学生得以直面关系中的问题。

介入性治疗时期通常需要10—15分钟,当时间快到的时候,辅导教师可以告诉来访学生:"今天的时间快要到了,现在你可以按照自己的意思,保留这个世界,也可以调整这个世界,或者拆除这个世界。在拆除这个世界之前,请再体验一下你创造的世界,给它起个名字。"

五、记录分析

沙盘辅导室应配备一部照相机,可以将来访学生制作的沙盘作品留存，有利于日后分析、研究。如果有数码相机，可以将沙盘作品的图片在计算机上进行存放或处理，这样保存的效果会更好，使用起来更方便。来访学生可以选择性地拍照，也可以让来访学生和作品进行合影。沙盘室还应准备一些设计好的记录用纸，以便记录来访学生沙盘制作过程中的非视觉信息。等拍照完毕后，如果来访学生同意就可以拆除作品了，一般这个拆除过程让来访学生自己完成，其目的也是希望让来访学生从想象回到现实之中。

六、阶段过渡

当完成意识性的工作之后，要帮助来访学生回到现实中，帮助他们把沙盘的世界与现实进行连接。有很多方法可以帮助来访学生把沙盘世界与现实世界的生活议题或回忆连接起来，比如心理辅导教师可以说："你刚刚创造和经历了一个世界，在沙盘中的情况与你现实的生活有什么类似之处呢？"

七、拆除沙盘

一般来访学生在离开之前会选择拆除或者保留作品，拆除沙盘作品也是一种治疗。拆除他们自己已经创造的世界，可以增强他们认为自己有力量取消他们做过的事情，比如补救他们的过错。对于一些人来说，拆除沙盘作品可以使得行动得以全部完成，并且打开了新的创作通道。如果来访学生不愿意拆除作品，可以保留到下次。

八、结束治疗

一次沙盘疗法过程主要以来访学生在所限定的时间（一般为60分钟）内制作完成或制作好了为依据而结束。但是，沙盘疗法实施多少次可以终结，这是一个难以回答的问题，正如我们很难用辅导次数多少来说明辅导成功与否一样。根据我们的经验，沙盘治疗的终结可以参照作品中表现出的变化情况予以确定。在下面描述的情况下，我们可以考虑终结沙盘治疗：（一）作品整体印象发生了由消极到积极的变化，且较为稳定；（二）自我意象出现，且评价趋向辩证；（三）由封闭、孤立、静止走向开放、共处、动态；（四）制作大地、山。

是否终结沙盘治疗，除了参照沙盘作品所表现出来的变化之外，更重要的是看来访学生的心理问题是否真正解决，症状是否缓和，以及与他人、与治疗者关系的良性变化。当种种情况表明来访学生已经可以尝试着独立走进社会，适应自己的心理状况及周围环境时，可以考虑终结沙盘治疗。

由于沙盘疗法实施过程中咨访双方维系着一种母子一体性，因此沙盘治疗的终结不能过于突然，否则会使来访学生产生一种被母亲遗弃的孤苦伶仃的不安感，而导致其心理状态的恶化。沙盘疗法的终结可以由咨访双方协商确定，终结治疗的方法也如心理咨询的终结一样，可以用预告法、周期延长法和一时中断法。具体的做法应视来访学生具体情况而定。

第三章

艺术治疗的概念与发展

第一节　艺术治疗的概念

艺术形式主要由三个方面组成：艺术作品、艺术创作和艺术欣赏。

艺术作品是艺术治疗的媒介。在艺术工作者的指导下，患者可以通过学习、创作和艺术欣赏的过程，再现自己的创伤经历，发泄潜意识中被压抑的情绪，从而达到放松的目的。对艺术作品的欣赏，不仅可以帮助受到情绪困扰的患者表达内心的体验，还可以通过患者欣赏艺术时的表现，间接帮助心理学家识别个体潜意识中的欲望和人格特征，即可以用来辅助诊断心理疾病。

音乐之所以能引发我们的情绪变化，主要是因为它是一种艺术作品，通过人脑的认知评价系统，结合个人的需要，对大脑产生刺激作用。艺术对大脑发育和行为发展的重要性在让·劳尔·布约尔德的《体质性迟钝》一书中有充分的记载，该书以艺术对潜在精神的刺激作用为中心，引用了许多研究结果。据报道，音乐改变了认知评价系统，特别是在痴呆症患者中。在愉悦的精神状态下，大脑会分泌许多神经递质，如 Ach、5-HT、DA 等。同时，神经内分泌也会发生变化，使肾上腺皮质激素的分泌增加。悲伤时副交感神经兴奋性增加，长期持续的悲伤可使人的免疫功能产生变化，特别是T淋巴细胞的功能降低。艺术欣赏的热情可以促进病人的康复，欣赏艺术作品可以宣泄压抑的情绪，放松人体的肌肉。柏拉图在《理想国》一书中描述了音乐对人类意识的影响，并强调了音乐对儿童发展的作用。

艺术治疗，将艺术作为一种方法和手段来治疗一些病人的生理和心理疾病，以促进其康复，在预防医学等领域也同样发挥着重要作用。

广义上讲，自艺术诞生以来，它一直发挥着调解人类精神生活的作用，缓解肌肉劳动的痛苦和心理上的痛苦。人们在欣赏艺术时自觉不自觉地得到解脱，在艺术创作中得到发泄。例如，沉浸在小说或电影作品的情境中，忘却自己的痛苦；通过吟唱、装扮来解决情感上的失落。换句话说，艺术治疗可以是一种自觉和自发的行为和压力应对方式。

从狭义上讲，艺术治疗是在专业人员的指导下，通过与病人的艺术互动，对某些疾病和痛苦进行诊断、治疗或康复的方法和过程。艺术教师应该有良好的艺术训练，有一定的医学知识，也有心理学、精神病学和社会学方面的知识。

美国艺术治疗协会（AATA）研究报告指出，艺术治疗有两个主要方向。首先，艺术创作是治疗，创作过程中需要集中精力，从而避免一些情绪波动，这有助于自我认识和自我成长；其次，如果将艺术应用于心理治疗，那么产生的作品和作品内容的一些联想有助于保持内心世界与外部世界的平衡。

第二节　国外艺术治疗的发展和教育

19世纪末20世纪初，欧洲相继出现了精神病院病人自发进行艺术创作的报道，他们似乎用各种可能的材料进行不可抗拒的创作，同时创作出具有强烈视觉冲击力的作品，暴露出病人最深的情感。这种情况与艺术家创作时的心理活动是一样的，甚至许多伟大的艺术家本身就是或曾经是精神病患者。艺术创作时的迷恋和颠覆性的心理状态，恰如一场梦，映射出最深层和潜意识，以激活思想的火花，犹如神来之笔。

最早进行艺术治疗的两个国家是英国和美国。玛格丽特·南博格是一位教育和心理学科学家，为艺术疗法在美国的发展做了很多工作。她在20世纪40年代和50年代写了几本关于艺术治疗的书，她的妹妹弗洛伦斯·凯恩将艺术教育用于儿童。与此同时，一些艺术家自愿进入精神病院参与治疗和研究，并最终得出结论，艺术方法可以治疗一些困难的病人。

心理学基础和艺术教育理论走到一起，确定了艺术治疗的理论框架。《美国艺术治疗》杂志，一个专业的理论杂志，成立于1961年。美国艺术治疗协会（AATA），一个全国性的专业组织，成立于1969年，组织年度学术会议，提供艺术治疗的研究生教育。从1970年代开始，美国许多大学提供该学科的基础课程。现在有27个艺术治疗的硕士学位课程在全美范围内得到认可。美国艺术治疗认证委员会（ATCB）是一个独立的学术组织，批准和认证艺术治疗硕士学位所需的资格。另一个艺术治疗认证委员会（ATR IBC）是通过继续教育途径获得执照的认证和测试机构。一些州的法律规定了艺术治疗的范围和界限，而大多数州允许在获得艺术治疗证书后获得心理学家和精神病学家的执照。

英国的艺术治疗教育不仅在研究生阶段开始，在大学阶段也开始。例如，在德比大学（英国），入学的候选人需要参加一个额外的艺术专业（才艺展示和面试），并学习人体解剖学、心理学、病理学、按摩、劝说和咨询、营养学、研究方法和各种艺术课程。毕业后，学生在医院或心理诊所从事社会工作或艺术治疗，并为更高层次的学习奠定基础。

研究生阶段的艺术治疗教育又细分为视觉艺术治疗、舞蹈运动治疗和戏剧治疗等专业，并得到了英国卫生署（NHS）的认可。

1979年8月，在法国蒙波里亚大学，首次举行了一次会议，有200多名与会者，包括医生、音乐教育家、音乐治疗医生、特殊教育家和其他感兴趣的人，讨论音乐对残疾人的作用。

1992年初，第一届国际艺术医学大会在美国纽约举行，标志着"艺术医学进入了一个新的历史阶段"。

在过去10年的英文文献回顾中，有50多篇关于艺术治疗的理论文章。研究人员和作者大多来自大学、研究机构、医院、心理诊所和护理中心等。他们使用的艺术工具有音乐、绘画、雕塑、沙画、陶艺、戏剧和其他视觉艺术等。他们治疗心理、精神、癌症、失语症、白血病、厌食症、暴食症、创伤后应激障碍、手术康复、儿童自闭症和老年病等疾病。

第三节　中国和西方艺术文化之间的差异及其影响

　　东方艺术和西方艺术有着两种不同的文化背景，中国艺术和西方艺术的差异自古以来就存在。概括地说，中国古代艺术思想的核心是"天人合一"的自然主义，作为艺术创作的主体，人生于自然、归于自然，是自然的一部分。艺术作品注重传达思想情感，在艺术风格上强调"形神兼备"，甚至神似大于形似；在"虚实结合"的艺术手法上，强调"留白"和"写意"。应该说，对现实世界的表达与再现的和谐，内在思想与外在对象的统一，是中国传统艺术的精髓所在。从戏曲的程式化表演到绘画的空间透视，从追求"自然完美"的雕塑到笔走龙蛇的书法，都呈现出东方表演的艺术理念。

　　西方古典艺术以再现为主导，无论是古希腊时期的模仿艺术思想，还是文艺复兴时期的再现理论，都是以对现实世界逼真、生动的描绘为最高境界。再现已经成为西方艺术的黄金法则。相比之下，西方现代艺术则涌动着表现主义艺术思想的浪潮，印象、立体、野兽、达达、波普……一浪高过一浪，冲刷着西方的传统美学和观念。在这些表现主义的流派中，不能说没有来自东方艺术的影响。

所有这些文化和艺术的差异，不可避免地导致了中西艺术治疗的工具、方法和标准的不同。即使使用同样的艺术工具，如同样的音乐和读图，在中国和西方应用于同一疾病的病人时，效果也可能大不相同。这就为我们研究和探索具有中国特色的艺术治疗方法的工作者留下了广阔的空间。

第四节　美术教育与美术治疗的区别

绘画艺术治疗是指以绘画技术和材料为媒介，通过艺术创作的意象和创造性的艺术活动以及患者对作品的反馈，分析和了解患者的发展、兴趣、能力、个性等心理活动，使患者在追求艺术审美的过程中产生自由联想，稳定和调节情绪，治疗心理疾病。艺术治疗包括以下含义：首先，艺术治疗以绘画为媒介；其次，艺术治疗在哲学上以艺术理论和心理学为基础；再次，艺术治疗涉及三个要素：治疗师、学生和艺术品；最后，艺术治疗的最终结果是解决心理问题，调节情绪冲突，改善人格。

艺术教育和艺术治疗是两个不同的概念。虽然在表达方式上，艺术治疗与艺术教育相似。在使用的艺术分析上，在绘画的过程中，在教师和治疗师使用的语言上，都有很大的相似性。艺术治疗和艺术教育最根本的区别是艺术治疗师和治疗者的内心体验。

艺术治疗和艺术教育之间有重叠的部分，但它们并不完全重合。在艺术治疗中，治疗过程是一个帮助被治疗者发展其洞察力的过程。在这个过程中，绘画艺术治疗师是整个过程的支撑者，而作为艺术教育的一部分，艺术教师则是教学生绘画技巧的人。艺术治疗师的目的不是为了绘画本身，而是帮助治疗者进行绘画，这是一种表达个人情感的工具。艺术治疗师利用绘画与治疗者沟通，使治疗者了解自己。熟练的艺术治疗师熟悉绘画中所呈现的艺术体系，以解决治疗者的心理发展问题，并可以通过解决治疗者的心理状况来帮助其成长。

艺术治疗的初衷不是为了学习绘画技巧，这是艺术治疗与艺术教育最根本的区别。

20世纪艺术治疗领域的代表人物伊迪丝·克雷默，通过治疗许多儿童的实践经验，确立了艺术治疗的新概念。她认为艺术本身具有心理治疗作用，艺术治疗可以帮助儿童通过艺术的情境来宣泄潜意识中的心理感受和情绪，从而使他们不再抗拒艺术。她的学说为艺术治疗在艺术教育中的应用提供了充分的理由，也为艺术治疗和艺术教育的结合提供了理由。

第四章

绘画心理分析理论基础

第一节　弗洛伊德和精神分析

从精神分析的角度分析和解释各种艺术作品的先驱是弗洛伊德。

弗洛伊德，奥地利人，是一位精神病学家，在治疗精神病患者的过程中创立了精神分析学派。精神分析是20世纪的主要心理学趋势之一。其他西方心理学流派更强调实验和数据等量化信息，而精神分析学派则通过对临床病例的长期跟踪研究和对个人潜意识的深入分析来研究心理。

弗洛伊德与布鲁伊尔合著的《癔症研究》是精神分析研究的开端。这本书使心理学家对精神疾病的病因解释从物理学过渡到心理学，也使潜意识公开挑战作为主角的意识。本能决定论成为弗洛伊德理论的核心。本能指的是个人维持生活的基本要求、冲动和内部驱动力，包括自我本能和性本能。弗洛伊德后来修改了他的理论，认为人类有生本能和死本能。出生后，个体在自我本能的基础上发展出自我和超我，所以他的人格结构理论认为，人格由自我、本我和超我组成。由于自我对小我有压制作用，所以个体除了有意识之外，还有前意识和潜意识。根据梦的理论，梦包括显性梦和隐性梦，显性梦是梦的表面部分，而我们要探讨的是显性梦背后的潜意识信息，也就是隐性梦。弗洛伊德的人格发展理论认为，一个人的成长分为五个阶段。自我中的潜意识冲动和性欲，在个体发展的不同阶段，总是要通过身体的不同部位或区域来满足和获得快乐。而在不同部位获得快感的过程，构成了人格发展的不同阶段，即口欲期、肛欲期、性蕾期、潜伏期、生殖期。在成长阶段，个体在幼年时期形成的关系模式会通过移情机制在成年后重现，成年后的很多问题都源于幼年时期的创伤，所以成年后的心理障碍可以通过治疗童年创伤来治疗。焦虑和心理防御机制理论认为，焦虑是自我感到受到威胁时提出的警告，而自我防御机制是自我的一种功能，自我通过扭曲现实，协调超我和自我之间的斗争来应对所面临的焦虑或负面情绪，从而保持心理各部分的平衡感。

弗洛伊德认为，艺术的本质在于被压抑的性本能欲望的升华；艺术创作的过程就是"白日梦"的过程，艺术家通过这个过程满足自己的原始欲望，释放自己被压抑的本能。弗洛伊德曾说："被压抑的性本能不仅是各种怪病发生的重要原因，也是人格形成和社会文化艺术创作的重要动力。"

在弗洛伊德的理论体系中，人格结构理论、本能理论和心理防御机制理论将对绘画精神分析的理解发挥重要作用。

第二节　弗洛伊德的精神分析学说

弗洛伊德认为，人的心理分为三个层次：无意识、前意识和有意识。无意识是人类心理活动的深层结构，它包括人类的本能和原始冲动。由于无意识的内容与社会的道德规范相违背，所以不能直接满足，通常被压制在无意识领域。无意识的内容不是被动的、僵化的，而是极其活跃的、随时可以被满足的。前意识是介于无意识和有意识之间的部分，其功能是在有意识和无意识之间执行警戒任务，它不允许无意识领域的本能冲动随意进入有意识领域，它由一些真实经验组成。而意识则是心理结构的表层，它面向外部世界，由外部世界的各种文化内容组成。

由于弗洛伊德强调深层无意识在人类心理中的作用，他的理论也被称为"深层心理学"，该理论的心理学结构如下：

1. 焦点意识是指注意力高度集中时可以清楚地感知的意识。

2. 边缘意识是对模棱两可的刺激的意识。

3. 半意识是在不注意或轻微注意的情况下产生的意识。

4. 非意识是指人们对某些刺激物不了解或没有感觉的意识。

5. 前意识是介于意识和无意识之间的意识，当时没有意识，但事后容易觉察。

6. 无意识是指人们没有意识到的无意识的心理活动，如人们被压抑的观念、欲望和内心想法。它包括个人无意识和集体无意识。

弗洛伊德将人格结构分为三个部分。"本我""自我"和"超我"。本我追求的是生物本能欲望的满足，是人格的基础。它在一个人的精神生活中起着重要作用。本我遵循"快乐原则"，要求不加掩饰、不受限制地寻求直接的身体快乐，以满足基本的生物需求。如果它被阻挡或延迟，就会出现烦躁和焦虑。自我位于本我和超我之间，根据"现实原则"运作。自我感知外部刺激，了解周围环境，储存从外部世界获得的经验，从而有可能应对现实。它可以为本我执行指导和管理功能。自我可以根据"现实原则"决定是否应该满足本我的要求。弗洛伊德把人格结构中代表良知或道德力量的部分称为超我，其活动遵循 "道德原则"。就个人发展而言，超我在很大程度上取决于父母的影响。一旦超我形成，自我就必须同时调和本我、超我和现实的要求。换句话说，在考虑满足本能的冲动和欲望时，不仅要考虑外部环境是否允许，而且要考虑超我是否认可。

心理动力学是精神分析理论的核心内容。过去，一提到弗洛伊德的心理动力学，人们就会想到人类的性本能，即"力比多"。事实上，这并不是弗洛伊德的意图。他认为，力比多是人类的性本能，但它不是心理发展的唯一动力。有两种本能：性本能和营养本能。营养本能是自我保护的本能，也是自我发展的动力。由于这个原因，弗洛伊德所说的心理发展的动力是性本能和营养本能的综合体。个人保护和种族延续这两种本能同时促进了心理发展，这就是弗洛伊德心理动力学的意义所在。

弗洛伊德认为，人类的本能只有通过不懈的努力和艰苦的、不同形式的应对措施才能实现。两种本能的应对经验构成了人类应对的两种基本形式。

1. 变相宣泄。性本能的活动和发展在每个发展阶段都与"自我"不断循环，并在"自我"的监督和控制下度过，因此，"自我"必须练习一套应对技巧，甚至改变其存在或表达形式，以满足自己，即变相宣泄。如果不能进行宣泄，就可能产生焦虑。

2. 自我防卫。在个人的发展中，必须随时维护个人的安全，对现实中所有危及生命的危险都要及时做出反应，尽到自己的责任。这类反应与人的识别能力有关。当发现危险信号时，就会形成焦虑或恐惧，这是应对的开始。当自我把焦虑或恐惧作为危险或不愉快的信号时，它就会做出反应，形成防御机制。所谓防御机制，就是自我在承受本我欲望的压力的同时，还要考虑到现实要求的压力。在这种情况下，自我逐渐形成一种功能，使人们既能接受本我的欲望，又能接受现实的要求，以免造成严重的情绪困扰和焦虑。防御机制包括压抑、投射、逆转、合理化、升华、移位、固定和倒退。

在正常情况下，自我防御机制如果使用得当，可以免除内部痛苦，以适应现实。但在特殊情况下，使用不当时，虽然感觉不到冲突和挫折造成的内心焦虑，但这些冲突和压抑会以症状的形式表现出来，从而形成各种心理障碍。

这里只介绍投射和升华，它们与精神分析和绘画治疗密切相关。

弗洛伊德将投射视为一种主要的心理防御机制，并将其作为心理防御机制理论中的一个重要概念。投射，也被称为推断等，是指将自我不能接受的、不被社会道德认可的欲望、冲动、态度和想法归于其他人或事物。一般来说，这些欲望、冲动等没有得到超我的肯定，所以通过投射，责任被转移，以减轻或消除内心的动荡和痛苦。正确使用投射可以避免更严重的冲突，帮助维持心理平衡，并确保正常的人格发展。投射是无意识的，而无意识的交流可以超越文化差异。因此，投射对所有国家和民族都是共同的，都有大致相同的象征意义。

投射在心理学上有三种含义。首先，它意味着一个人不自觉地将自己的态度、欲望等投射到环境中的事物或他人身上。例如，一个非常怀疑的人，就会看到周围的人都在怀疑他；而一个信任别人的人，看到是别人在信任他，或者别人是值得信任的。其次，它指的是个人情绪对外界事物的影响。如一个恋爱中的人，看到周围的花在笑，听到风在唱，而一个落魄的人会觉得路上的狗都在嘲弄他。最后，指个人从经验中得出的对发病的错误判断。"一朝被蛇咬，十年怕井绳"说的就是这个。

作为一种特殊的语言，绘画可以被咨询和心理治疗所利用，正是因为它可以投射出人的内心冲突、感受、想法等。有时一幅画所包含的信息比从几个口头访谈中获得的信息总量要多得多。此外，绘画可以跨越过去、现在和未来，不受时间和空间的限制，有时甚至可以反映集体无意识。色彩的选择、线条的走向、笔触的轻重、用墨的深浅，等等，这些元素都有深刻的含义，揭示了绘图者的内心世界。此外，投影会使生活变得多姿多彩。例如，乐山大佛从远处看，发现山体形成的卧佛就在心中，所以说"佛在心中"。

弗洛伊德把升华当作唯一积极和建设性的防御机制。

当一个人不能直接表达他对某一对象的欲望和情感时，他就把这些欲望和情感转移到其他对象上，以发泄他的欲望和情感，从而减轻他的心理负担。升华是指这种转移是以一种社会和道德上允许的方式来发泄欲望和情绪。弗洛伊德认为，这种机制只有在个人的自我发展是健康和完美的，性本能得到部分满足时才会使用。通过升华，个人不仅以合理的方式发泄未得到满足的性本能，而且还为社会创造价值。艺术创作是逃避痛苦和能够得到解放的重要途径。当内心的冲突，特别是未被认识到的、引起焦虑的因素，如原始的冲动、欲望和本能，被放到画面上，就完成了一次升华的旅程。例如，一个憎恨母亲的孩子，被内心的谴责、憎恨和矛盾所折磨，简单的文字积累已经不能完全描述他的内心感受。当他拿起画笔时，他进入了一个全新的世界，也许他把母亲画成一个女巫，一个恶魔，或者一个缺乏某些器官的怪物，或者充满了侵略性，色彩浓重，线条僵硬。这个孩子利用社会道德允许的方式（绘画）来发泄自己的情绪，这可能是升华。

第三节　荣格的集体无意识理论

荣格指出，集体无意识是潜意识的一个重要组成部分，与个人无意识有着根本性的区别。集体无意识并非源自个人经验和获得，其存在方式并非可以归结为个体经历。个人无意识主要由那些曾经被意识到但后来因遗忘或压抑而从意识中消失的精神内容构成。而集体无意识的内容，则从未在意识中出现过，因此从未被个体所获得；它的存在完全是遗传的。尽管个人无意识主要由情绪构成，但集体无意识的内容主要是原型。换句话说，集体无意识深深潜藏在无意识之中，既无自我意识，也不属于个体独有，而是人类进化过程中长期流传下来的一种普遍的原始形象，或称原型。荣格用集体无意识这一概念来代表人类头脑中所包含的共同精神遗产，它涵盖了人类进化的全部精神遗产，深深植根于我们每个人的内心深处。

荣格对他自己的梦以及他病人的梦进行了广泛的分析，他发现许多人都对梦中出现的神秘的象征性意象（如曼陀罗等）印象深刻。此外，东西方的宗教、仪式、神话和传说以及炼金术的秘密活动中出现的各种象征性图像也非常相似。荣格由此推断，这些象征性图像本身不仅在不同的文化传统中具有重要意义，而且它们对人类精神活动过程中的思想和行为的影响也是至关重要。这导致荣格引入了集体无意识和原型等概念。

根据荣格的观点，个人无意识是由许多个体或零散的记忆（感知、经验和被压抑的欲望等）组成。这些支离破碎的记忆往往在自己的梦中经历，或者意外地从某些记忆时刻的闪回中得到。另一方面，集体无意识包含普遍存在于人类头脑中的原始图像。这些原始形象不能被汇集到有意识的心理活动中，它们只能形成各种象征性的形象。

原型，指的是由继承而来的普遍心理模式，构成了无意识。它始终是集体的，即它至少对整个人类和时间来说是共同的。荣格认为，在所有的可能性中，最重要的神话主题是所有时期和种族所共有的。在荣格的心理学中，像神话这样的叙事是人类一生中内在神性的象征，其主人公是集体无意识的内容——原型。

原型为精神和物质生活建立了一种风格。神话、传说、梦境和绘画都是表达原型的手段。一个神话可以包含所有宗教中可能存在的普遍信仰。无论是为了其历史价值还是作为帮助人们找到生活方向的教育工具，神话都被世代保存下来。在许多宗教中，围绕讲述某些故事的仪式被保留下来，从而提供了一个普遍的信仰体系，并教育其继承者，神话和符号使我们能够抵制内心的冲突和自我怀疑。

荣格认为，生活中的典型情况有多少种原型就有多少种。理论上，原型的数量是无限的。荣格识别并描述了大量的原型，但在实践中，有一些原型在形成人们的个性和行为方面更为重要。荣格对它们特别关注，这些原型是阿尼玛、阿尼姆斯、人格面具、阴影和智慧老人。

1. 阿尼玛。它指的是男人身上的女性气质，是男人在与女人长期交往过程中获得的经验积累，通过这种积累，男人可以理解女人。荣格说，在男人和女人身上都有一个隐藏的异性形象。阿尼玛是男人身上潜在的女性形象。而由于生物基因使男人向男性方面发展，形成的女性性格处于从属地位，所以阿尼玛通常停留在无意识中。在男人的无意识中，通过遗传手段保留下来的女人的集体形象，使他能够体验到女性的本质。但在这种方式的帮助下，男人只能把女人作为一种普遍现象来体验，因为女人是一种原型。因此，尽管有许多女性从外表上看像这个原始模型，但这个原型并没有以任何方式再现一个具体所指的女性。荣格认为，每个人的头脑中都带着女人的永恒形象，这不是某个特定女人的形象，而是女人的确切心理形象。这种心理形象从根本上说是无意识的，是一种从原始起源继承下来的元素，镌刻在男性有机体的组织中，是我们所有祖先的女性经验的印记或原型，就好像是女性曾经给予的所有印象的积累。由于这种心理形象本身是无意识的，所以它常常被无意识地投射到所爱的人身上，它是情绪好坏的主要原因之一。由此我们可以理解，阿尼玛无意识大大影响了男人对女人的选择，无论他喜欢还是不喜欢某个女人。只有通过与男人生活中的女人的实际接触，心理形象才能变得有意识和有表现力。

2. 阿尼姆斯。它是女人身上的男性特质，通过它女人可以理解男人，是女人身上的阿尼姆斯的原型，与男人身上的阿尼玛相对应，类似于阿尼玛。阿尼姆斯起源于女人通过遗传获得的男人的集体形象，女人通过生活中与男人的接触和互动获得的对男性的体验，最后是自己身上潜在的男性起源。女性的"阿尼姆斯"在特殊情况下（如战争）积极表现出来，这时女性理所当然地接管了属于男性的大部分职能。在家庭环境中，妇女的这种活动甚至表现得更好。妇女对人际关系的把握通常不如男人。对女孩来说，父亲是阿尼姆斯形象的化身，这种关联对她的精神产生了深刻而持久的诱惑。她不断引用父亲的话，并在思考和行动时以父亲的方式行事，有时会持续到成熟的年龄。阿尼姆斯的积极作用表现在它给妇女带来的勇气和有时需要的好战性。真正想了解和理解它的观点的妇女可以从它所引用的观点中学到很多东西。事实上，阿尼姆斯可以促进妇女对知识和真理的追求，并引导她自觉自愿地进行活动，但她必须学会认识阿尼姆斯，并把它放在适当的位置。

3. 人格面具。一个人公开展示的一面，目的是给人留下好印象，以便被社会认可，确保能够与人相处，甚至是与那些不喜欢自己的人相处，并达到个人目的。人格面具，这个词起源于希腊，原意是指演员为了在剧中扮演一个特定角色而戴的面具，也被荣格称为对同一性原型的服从。人格面具的形成是普遍必要的，对现代生活来说更是重要的，它的产生与教育背景有着非常密切的关系。它确保我们能与人相处，甚至是那些我们不喜欢的人。为各种社会交往提供多种可能性，人格面具是社会和公共生活的基础，它们的产生不仅是为了认识社会，也是为了寻求社会认同。换句话说，人格面具是建立在公共道德和集体生活价值基础上的具有象征性和聚合性的表面人格。人格面具是人格多面体的一个侧面，每个人都可以有一个以上的人格面具。在荣格的眼里，人格面具在人格中的作用既可以是有益的，也可以是有害的。如果一个人对他所扮演的角色过于热衷和投入，如果他只认同他所扮演的角色，那么人格的其他方面就会被排斥。这样一个被人格面具支配的人，会逐渐疏远自己的本性，生活在一种紧张的状态中。这是因为在他过度发展的人格面具和他人格的其他部分之间存在着尖锐的对立和冲突，而后者是极度不发达的。一般来说，在扮演某种角色和采用某种人格面具时，为了不失去自我，最好是适度。

4. 阴影。指人性的阴暗面，或人性中兽性的一面。影子原型是人类原始性格的遗留物，人类的影子原型往往表现为违反社会规范或犯罪行为。荣格认为，每个人、每个群体、每个意识形态都有其阴影的一面。与人格面具使人们表现出的社会理想特质相反，我们的无意识还有另一面，即阴影面，它的作用是使人们在自己和他人面前都没有表面上那么道德。我们都比表面上更贪婪、更放荡、更嫉妒，甚至更容易犯下令人发指的罪行，这就是无意识的作用，我们原始的、不受控制的、动物性的一面。由于阴影是一些野蛮的欲望，是与社会习俗、我们的理想、我们的个性不相容的东西，是我们感到羞耻并宁愿否认它在我们身上存在的东西，我们总是试图控制和压制它们的表现。一个人如果成功地压制了他天性中的阴影面，就会显得文雅，但他也必须为此付出高昂的代价——他削弱了他的自然活力和创造精神，他的强烈情感和深刻直觉。荣格强调，没有太阳就没有阴影，阴影是不可避免的，而且，没有阴影，人就不完整。完全没有影子的生活很容易陷入浅薄和缺乏生气。作为集体无意识的原型，影子蕴藏着人的基本和正常的本能，是对现实和正常反应性的生存价值的来源，在紧急情况下，这些本能是可以转化的。这是阴影的一个不应该被忽视的方面。在绘画中，影子可以显示出三维的效果。如果用影子来表示光的效果是一种熟练的绘画技巧，而不是树木或房屋，这样的影子可以被看作是健康的影子；相反，影子太暗或过分强调，或者影子画得不合适，就是心理问题需要注意的地方。在树上画影子方面，一般有三种解释。即：防御性、隐蔽性和被隐蔽的侵略性。

5. 智慧老人。它可以被看作是具有普遍人类经验的无意识的人格化表达。在梦境和象征中，智慧老人会表现为英雄、医者、救世主、魔术师、巫师、国王等。聪明的老人具有非凡的洞察力、无限的知识和智慧。当人们遇到困难问题或陷入道德困境时，智慧老人会以图像的形式给予启发和指导。

第四节　荣格的个体化理论

荣格认为，人格发展是一个通过个体化和超越功能的成长过程。在成长和发展的过程中，重要的是两极对立的内在动力逐渐趋于调和，有利于更成熟的一方，如无意识的能量逐渐减少，意识的能量逐渐增加；压抑逐渐减少，升华逐渐增加；非理性成分逐渐减少，理性成分逐渐增加。当一个人的发展达到来自内部和外部两极对立的整合点时，意味着人格发展已经达到成熟期。

为了实现人格内部的和谐，首先必须充分了解人格的各个组成部分。荣格把人格成分的分化称为个体化。通过个体化，个体学习并整合人格的所有组成部分，以成为真正的自我，也就是一个独立的、与整体不可分割的个体。

随着人格的组成部分不断被认识和揭示，个人被赋予了一种自然的功能，在人格的各种结构组成部分被揭示时，对它们进行协调，使内在的对立系统变得统一，从而形成一个平衡、完整的人格。

个人的精神开始于未分割的统一状态，如果有合适的条件，它将逐渐发展成一个在各方面完全分化但仍保持内在统一的整体，就像一粒种子不可避免地长成一棵大树。换句话说，个体化是一种先天的倾向，它不仅意味着每个心理系统都会分化，与其他系统不同，更重要的是，分化也发生在每个系统内部，从单一的结构成长为复杂的系统。结构的复杂性意味着一个结构可以以多种方式表达自己。个体化的自我能够在对世界的感知中获得高度的辨别力；它能够理解表象和表征之间的微妙关系，并深入到现象的意义之中。这不是一种状态，而是一个过程，需要一生的经验和解释。根据荣格对个体化的解释，一方面，个体化导致了个体的独特性和独立性，产生于个体将自己与他人完全区分开来的能力，主要是心理上的，并涉及个体调整人际关系的能力。个性化不是一个单纯的内部发展过程，它的标志是不断改善人际关系的能力，因为在日常生活中，人们总是要与他人建立某种关系，在这个过程中不可避免地产生各种积极和消极的情绪。通过这种内部和外部的不断调整，人际关系的能力将不断得到提高。无论存在于个人内部的矛盾是什么，它都会被其他各种矛盾所折射，这些矛盾存在于个人本身和与他建立和投射的人之间。另一方面，个体化不可避免地导致个体人格向整合的方向发展，这主要意味着整合人格的有意识和无意识部分，也就是说，使无意识原型的内容变得有意识，并将其同化为意识。

根据荣格的观点，个性化是一个体验生命意义的过程。像宗教体验一样，如果没有各种心理图像，如幻想、幻觉和梦境，就无法体验到个性化。如果一个人关注这些心理形象，积极思考，并在积极的想象中与之互动，那么这些心理形象就会促进个性化的形成和发展。通过这个过程，一个人的精神世界的无意识成分，如阴影，可以被体验，也许可以被同化。

荣格认为，个体性意味着成为一个单一的、同质的存在。个体性包含了我们最深层的、最终的和无与伦比的独特性。因此，荣格的个体化是自我实现的过程，或者说，个体化的目标是实现自我身份。自性的概念是荣格在研究原型时提出的，并把它看作是人类精神的核心要素，代表着一个整体的人格，是原型系统中的核心原型。荣格曾指出，从心理学上讲，自性是意识和无意识的统一。

从经验上讲，自性以特殊符号的形式自发出现，其整体性在曼陀罗及其无尽的变体中可以看到。从历史上看，这些符号被确认为上帝的精神形象。从任何角度看，"自性"的突出特点是它代表了一种"统一"和"统合"的力量。此外，荣格提出，只有在意识层面上，本我和自我才能穿透并实现本我的实现。在此基础上，荣格将自性与生命发展联系起来，并认为在儿童时期，本我与自性之间的联系很弱，只有在中年以后，这种联系才会变得永久而强大。他还指出，个体化在不同年龄段有不同的表现形式。反过来，自性和个性化之间的联系被确立，实现自性被确定为个性化的最终目标。虽然这个崇高的目标很难实现，但它赋予了人们生活的意义，使他们为之不懈努力。他认为，自我身份是我们生活的目标，它是我们所说的个性、命运的那种结合的最完整表达。

此外，荣格认为自我身份对咨询或治疗的启示是疗效。也就是说，咨询或治疗的最终目标是实现自性。帮助被治疗者发展他或她的个性，而不仅仅是消除症状。他指出，症状可能指向情结，必须对情结进行整合，以使其得到发展。只要人格问题得到解决，症状的消除就会随之而来。作为个体化的目标，自性代表了一种整合力量。但它不是人格中唯一的力量；还有一种分裂的力量。分裂的力量在具有多重或分裂人格的精神病患者和正常人中都很普遍。因此，荣格把超越功能视为成功实现心理整合的内在保证。他说，与无意识打交道的过程是一种真正的爱的劳动。他把这项工作称为超验功能，因为它再现了一种建立在真实和想象、理性和非理性材料之上的功能，从而在意识和无意识之间架起了一座桥梁。这是一个自然过程，是那种从对立面的张力中迸发出来的能量的表现。显然，心理的超越功能是实现个体化目标的内在因素。

荣格的个体化过程可以被看作是意识到人类的整体性的过程。整体性意味着超越相互排斥的对立面，追求这些对立面的融合。它从出生开始，是人类存在的一个基本方面，荣格称之为自我身份。这种整体性首先存在于母亲的自性中，照顾新生儿的各种需要，如满足饥饿和保护婴儿不受寒冷，都局限于母亲的身体。孩子从母亲的照顾中体验到安全感，这被称为母子一体阶段。这个阶段的母亲和孩子需要相互承认对方的新的心理发展。随着对孩子未来发展的认可和确认，他们刚刚表现出来的发展趋势可能会在人格中得到巩固。出生一年后，孩子的自我身份开始脱离母亲。这时，孩子通过母亲的情感表达，经历了自我身份的过程。安全感转变为信任关系，最终建立起依赖感。从三岁开始，自我身份的核心已经在孩子的无意识中得到巩固，并开始以整体性的符号来表达，如儿童游戏、绘画等。而在所有的文化中，人们都自觉或不自觉地使用它们来表达整体性，整体性从无形到有形的变化过程唤起了内部的精神秩序，这是自我健康发展的基础，与外部世界产生联系，对人类发展产生持续影响。因此，母子一体是理解自我和实现整合的基础。

第五节　其他心理学流派

除了精神分析和分析心理学，还有许多其他与绘画艺术有关的理论取向，包括行为主义取向、格式塔取向、积极心理学取向、人本主义取向和现代认知心理学的大脑侧化理论。

行为主义取向。1913年，美国心理学家华生创立了行为主义心理学理论。华生认为，心理学应以可观察的刺激和行为反应为研究对象。意识和心灵是看不见、摸不着、难以证明的，所以没有必要去研究和关注它们。行为主义学派强调环境和教育对一个人的决定性作用。

行为主义强调强化和学习的重要性，艺术创作行为也不例外，也是强化和学习的结果。根据美国行为主义心理学家斯金纳的说法，"当一个艺术家在画布上涂抹颜料时，他要么被结果强化，要么正好相反。如果他被强化了，他就会继续画下去"。行为主义心理学理论取向指导下的艺术治疗，重视治疗目标和目标行为的制定，即明确规定预期改变的行为，强调对创作过程的指导，对行为的塑造或纠正或矫正，对积极行为的表扬和其他强化，充分发挥示范和榜样的作用，注重效果的评价。

格式塔取向。格式塔心理学，又称完形心理学，1912年产生于德国。它强调经验和行为的整体性，认为整体大于部分之和，主张用整体的动态结构观来研究心理现象，同时反对心理学中的元素主义，认为对心理元素的分析并不能使我们理解整体的心理现象。

阿恩海姆是格式塔心理学的代表。他认为，物质和精神是统一的，个人可以通过精神力量改善自己的生存状态，艺术对人类的精神世界有重大影响；艺术的内容和形式是统一的，艺术是作为一个整体向我们呈现和开放的，教师应该把作品中呈现的具体内容和抽象形式都看作是作者存在和行动方式的暗示。艺术治疗中的个人，创作的作品越是描述可信的现实，越是陈述自己的需求，治疗就越有效；艺术作为一种治疗手段，来源于病人的需求；艺术治疗的实践依赖于两种人，教师和艺术家。

大脑侧化理论。美国著名的神经生理学家罗杰·W.斯佩里在实验的帮助下发现，大脑的左右半球之间存在着明显的主导分工。右半球是图像化的，音乐、绘画和情感等心理功能都在右半球的控制之下；左半球与符号关系、抽象思维和细节的逻辑分析有关。因此，当用语言来描述我们内心的情感时，往往会出现"心中的感受无法用语言表达"的现象。而绘画则可以直接表达心中的情感，超越语言，在处理一些情感障碍和创伤时更有效。因此，以语言为媒介的治疗在治疗由非理性认知或信念引起的精神疾病方面相对有效，但绘画治疗在处理情绪障碍和创伤经历方面更有效。

积极心理学取向。积极心理学取向致力于人的积极品质，这既是对人性一种伟大的尊重和赞扬，同时在更大程度上也是对人类社会的一种理智理解。我们说，人身上一定存在着某种优胜于其他生命形式的源泉，这一源泉就是人外显的或潜在的积极品质。正因为有这种能力，不仅使得人类在激烈的生存斗争中保持着一种人的自尊，并在与其他生命形式构成的社会系统中充当着主宰，而且也使人类社会在大多数情况下能以一种万物共存的方式不断向前发展。积极心理学的研究已经证实，和一般人相比，那些具有积极观念的人具有更良好的社会道德和更佳的社会适应能力，他们能更轻松地面对压力、逆境和损失，即使面临最不利的社会环境，他们也能应付自如。

积极心理学理论强调个人的实际、潜在的能力和心理社会因素的重要性，把学生理解为有自助能力的个体，消除学生的消极想象，从而达到治疗的目的。积极心理治疗的特殊之处，在于在咨询过程中运用直觉和想象；运用绘画讲故事作为指导教师与学生之间的媒介；在不与学生的观点直接发生冲突的情况下提出改变其观点的建议；由于观点的改变，学生最终放弃了自己片面的看法，对问题有了新的解释。

人本主义取向。人本主义理论于20世纪50、60年代在美国兴起，由美国心理学家马斯洛创立，代表人物包括罗杰斯和罗洛·梅。人本主义强调人的尊严、价值、自我选择、创造力，认为人有自我实现的能力。它反对将人类心理庸俗化和动物化的倾向。

在运用人本主义观点进行绘画心理治疗时，还强调学生在绘画过程中的主动性和自我实现能力，如绘画方案由教师和学生共同制定，更强调学习过程而不是学习内容，绘画过程可以是无组织的，可以从自由讨论开始。在评价环节，学生自己评价自己的作品和创作过程等。

绘画心理分析是通过对绘画的分析来探寻创作者的心理信息。我们可以通过分析色彩的运用、空间的结构、绘画的内容、笔墨的风格、绘画过程的特点以及学生自身的感悟来探究创作者的内在心理特征和心理状态，这个过程大多是由美术教师和学生共同完成的。

在心理咨询中，绘画的心理分析可以对咨询过程起到重要的推动作用，其中绘画的形式包括具象绘画、抽象绘画、无定性绘画等。从美术教师与学生的互动程度来看，绘画心理分析可以分为两种形式：静态分析和动态分析。在进行绘画的心理分析时，有必要按照一定的原则进行。

第五章

绘画心理分析相关概念

第一节　绘画应用于心理健康的实践发展

随着弗洛伊德的精神分析学和荣格的分析心理学理论的发展，人们越来越多地把绘画和心理学联系在一起，认为从绘画中可以了解个人的心理状态和心理特征，另外，绘画的过程对心理有一定的调节和治疗作用。前者是绘画心理分析，而后者是绘画心理治疗。

在心理咨询的实践中，二者之间没有明确的界限。在绘画分析的过程中，随着艺术家对自身的理解和整合，绘画心理分析本身具有一定的调整和治疗功能。

从20世纪40年代开始出现了两种不同的绘画治疗观点。第一种是美国精神分析学家玛格丽特·南伯格，她在20世纪40年代开始在实践中使用"艺术心理治疗"一词，这标志着艺术治疗作为一种心理治疗的诞生。总的来说，这种做法有以下特点：第一，治疗的目标是使无意识变得有意识；第二，治疗过程注重激发学生自发的艺术创作和对作品的自由联想；第三，治疗者接受学生的所有绘画创作，围绕创作过程和作品与学生进行象征性的交流，并有效处理移情问题。南伯格的方法主要是根据弗洛伊德的无意识和压抑理论形成的，并大量借用了精神分析疗法的概念和技术。

第二种是由美国艺术家伊迪丝·克雷默在20世纪50年

代提出的"艺术治疗"的概念。与南伯格相反，克雷默依靠弗洛伊德的升华理论，认为艺术行为本身可以作为一种治疗手段。身为美术教师的克雷默认为，心理指导者在艺术创作过程中的作用是促进咨询者在艺术创作过程中的升华。

这两个概念提出后，被世界各国的心理学家和教育家广泛实践，相关的概念和技术也在不断发展，在实践过程中，出现了融合或折中这两个概念的方法。

1921年，伯特用"画人"的方法来检查儿童的智力水平，成为心理测试和图画分析发展的先驱者。

1926年，古德纳夫尝试用画人的方法测试儿童的智力，这是世界上第一个标准化的绘画测试，并很快传播开来，被广泛用作测量智力的一种方法。

20世纪40年代以来，越来越多的心理学家和教育家意识到，绘画可以被看作是内部心理状态的视觉表现，绘画可以被用来探索和分析个体的心理状态，绘画投射测试正式开始作为一种科学方法发展起来。

1948年，美国心理学家约翰·巴克开发了"房—树—人"绘画投射测试，并将其应用于儿童的心理评估，随后在1969年，巴克又开发了"房—树—人"绘画投射测试。后来在1969年，巴克将"房—树—人"测试的评估方法和技术加以改进，使其更适用于临床。

1949年，麦卡弗出版了《人物画中的人格投射作用》，探讨了人物画与人格特质和心理病理学之间的关系。"树形人格投射测试"，以5至16岁的儿童和青少年为对象，以画面中特定特征的出现频率为观察指标，研究不同学龄阶段的发展特征，研究与智力和精神疾病有关的问题，是一种标准化的测试；1968年，科皮茨提出发展评分系统。

1931年，阿佩尔将绘画引入家庭研究；1942年，沃尔夫在这方面做了进一步的研究；1951年，赫斯提出了家庭绘画的方法；20世纪70年代以来，罗伯特·伯恩斯和哈佛·考夫曼将动态元素引入绘画测试，出现了一系列的动态绘画测试技术。

第二节　绘画精神分析的作用

作为一种投射性分析，绘画精神分析具有语言和文字无法发挥的作用和优势。根据大脑侧化理论，右脑控制音乐、绘画和情感，而左脑控制逻辑和分析。因此，每当我们用语言来描述内心的情绪，或用逻辑来分析我们的感受时，往往词不达意，无从下手。而绘画则可以超越文字，直接表达我们心中的情感。

绘画心理分析受测试者的语言能力和认知能力的影响较小。在心理咨询和人际沟通中，心理咨询师会遇到一些特殊情况的个体——如语言能力不发达的青少年，有器质性病变导致思维迟缓、言语不清的老人，沉默寡言的抑郁症患者，思维发散、思维断裂导致表达缺乏逻辑的精神病人，在不同国家和民族环境中成长的个体，同样的事情语言往往是咨询中的障碍，甚至在与这些个体的日常交往中也是如此。而绘画精神分析则绕开了语言或文字表达的需要，让个体直接通过绘画来表达自己，这是一种简单易行的方式。因此，无论是在咨询中还是在日常互动中，绘画往往比语言或文字适用性更广。

根据精神分析理论，意识对潜意识不断进行监控和审查，防止不符合社会规范和个人原则的信息进入意识中。在心理咨询中，如果测试者的心理防御机制过于强大，那么反映在口头上的信息就会受到限制。在纸上获得的信息往往比用语言表达的信息更全面、更深刻，咨询师能掌握的信息量也更大。

根据伊迪丝·克雷默的"艺术作为治疗"的概念，艺术行为本身具有一定程度的治疗效果。在心理咨询过程中，绘画精神分析和绘画心理治疗往往是同时进行的，没有明确的界限；在日常生活中，自发的艺术创作也能有效保证个人的心理健康。

根据大脑侧化理论，认知和信念是由左脑控制的，而情绪则由右脑控制。因此，在治疗由非理性认知或信仰引起的心理障碍时，以语言为媒介的治疗相对有效，但在处理情绪困扰和创伤性经历等心理问题时，则需要绘画治疗。

第三节　学生绘画的形式

心理咨询中常用的绘画形式有三种，这三种形式在绘画操作上各有特点。在总结了各自的特点后，可以称之为：具象绘画、抽象绘画、非限定绘画。

具象绘画一般指形象比较真实的绘画。在具象绘画中，心理咨询师向测试者规定了绘画的主题，绘画的内容必须是相对真实、具体的对象。这类绘画分析的常见形式包括"房—树—人"测试、人体绘画测试、风景画等。

在这种类型的绘画中，测试者不仅要提出一个相对明确的主题，而且要提出相对真实的物体。首先，"房—树—人"测试的准则会告诉测试者，绘画的主题是"房子、树和人"，测试者应该在纸上呈现这个主题；其次，在画房子、树和人时，三者的形象应该与真实的房子、树和人相似；最后，画房子、树、人时，三者的形象应与真实的房子、树、人大致相似，不能用抽象的图形来代替房子、树、人的元素。

抽象画一般指与自然物象极少或完全没有相近之处，而又具有强烈的形式构成面貌的绘画。在抽象画中，心理咨询师给测试者的是画的主题，但画的内容是相对抽象的。

例如，在以"我"为主题的绘画中，咨询师要求测试者在纸上用一个抽象的形象来代表"我"。这个形象可以是任何人物、任何颜色、任何线条，或任何人物、颜色和线条的叠加，只要你认为这个形象能描绘出你此刻的状态。

在以"我的关系"为主题的绘画中，心理咨询师会要求测试者在纸上用任何数量的抽象图像来代表"我的关系"，这些图像可以是任何数字、任何颜色、任何线条，或任何数字、颜色和线条的叠加，只要你认为它们能描绘出你的人际网络。

在这种类型的绘画中，测试者需要呈现一个相对明确的主题，但不需要呈现一个相对真实的实物，可以用抽象的图像来代替实物。

非限定画不限于绘画主题和表现形式，由测试者自己决定画什么和如何表现。换句话说，测试者可以在纸上自由涂鸦和绘画。在作品结束时，心理咨询师会要求测试者为作品进行命名。

心理咨询师利用测试者的涂鸦和自由绘画，通过分析图片的各种特征，如颜色、构图、笔触特征、图片内容等，探索测试者的各种心理特征。

根据三类绘画的题材和抽象程度的不同，对绘画进行心理分析的方法也不同。对于具象绘画，如"房—树—人"测试和人体素描测试，绘画的内容相对清晰，有以往实践总结出的相对适用的分析参考标准，内容信息在分析中提供的线索较多；相反，对于涂鸦等抽象绘画，画面往往是由不规则的形状或线条组成，无法直观地进行分析。所以不可能从直觉上把握内容信息，因此我们应该更加注重对色彩、笔触、构图等信息的分析。

在学生绘画心理分析中，有时作品在辅导室里没有完成，学生根据自己的不同状态，选择一些能代表自己状态或特点的课堂画或写生画或即兴作品，在辅导过程中进行心理分析；在对儿童画的分析中，许多儿童因自己的兴趣而创作的画不是在指导下完成的，而是带着个人兴趣自发创作的。有些作品可能是具象的，也可能是抽象的，有些作品可能有主题，有些则没有。在对这种自发作品的分析中，画面的某个维度，如色彩的多少、绘画的内容等，往往受到客观条件的限制。在分析中，则要通过绘画分析的原则来进行分析。

第四节　绘画分析的原则

在绘画心理分析过程中，为了充分尊重学生的主体性，表达无条件地接纳、尊重和支持，指导教师需要注意一些绘画分析的原则，可以总结为"看问听判，积极引导"。

看：在绘画心理分析中，指导教师要充分掌握图画本身所传达的信息，如色彩、构图、内容、笔触等，按照由远及近的方式，进行分析。当画面离人眼最远的时候，我们只能辨别出整体的色彩，而构图、内容、笔触是看不到的；当距离稍近时，我们可以辨别出构图；再近时，我们可以辨别出内容；最近时，我们可以分辨出笔触。这也是我们进行静态分析时大致遵循的顺序。

问：在动态分析中，绘画完成后，指导教师要与绘画者充分沟通，了解绘画者在绘画过程中的感受、记忆、联想、情感等信息，了解绘画内容对个人的主观意义。当静态信息和动态信息相互矛盾时，往往会涉及有关个人情绪的关键因素。在可能的情况下，指导教师还应该掌握绘画的全过程，如绘画的整体时间，在某些内容上是否用时过长或过短，以及绘画过程中的停顿、修改、重画等细节。

听：作为咨询技术之一，很多时候，心理分析的绘画是协助我们在咨询中促进关系和咨询过程的一种方式。因此，就像咨询工作的通常原则一样，指导教师应尽量避免使用评价性和定义性的语言，引导绘画者的自我意识和自我体验。但是，有时候，指导教师必须向绘画者解释绘画分析的结论。因此，在绘画咨询中，指导教师要把握好尺度，既要让绘画者意识到自我的状态和情绪，又不能让绘画者有偷窥的感觉，对咨询过程产生负面影响。

判：对于未成年的被测者，绘画精神分析结果只能告诉其监护人，应避免告诉被测者本人。在告诉绘画精神分析报告时，要告诉报告中数据的解释和建议，以免引起不必要的误解。由于对绘画精神分析的解读会影响被测者的自我认识和自我评价，进而会影响其行为，应充分考虑心理测评数据会给被测者带来什么心理影响，因此，在解读数据时应做好必要的前期准备工作，表述严谨，以避免被测者因测评结果太好或太坏而导致情绪波动较大。

绘画精神分析和心理咨询一样，我们要表达对绘画者的接纳、鼓励和无条件的关怀。因此，当需要向绘画者解释绘画分析的结论时，我们应多使用积极的语言。例如，如果图画被纸的上边缘切断，我们不应该解释为"你的行动力很弱，经常沉浸在不切实际的幻想中，追求不切实际的目标"；而应该解释为"你的想象力很丰富，经常停留在自己的想象中，应该继续加强行动，制定更现实和可行的目标"。通过正面的语言，对绘图者进行积极的肯定和暗示，我们可以更有效地促进绘图者的自我成长。

第六章

绘画作为学生心理健康测试的分析原理和案例

第一节　通过绘画作为学生心理健康的
测试方法

　　基于荣格的集体无意识理论，教师一般会通过色彩、构图、内容、笔触等四个方面的信息，根据画作本身，利用现有的标准和自己实践工作的总结，对学生的画作进行推测分析。色彩方面包括色相、纯度、亮度和数量四个方面；构图方面包括位置、距离和大小三个方面；内容方面包括人物、动物、植物、风景和抽象造型五个方面；笔触包括规则、力度和形式三个方面。

　　在对学生绘画进行心理分析时，要遵循一定的步骤和原则，包括分析的顺序、分析的水平和分析的原则三个方面。

　　在分析画面时，一般采用"由远及近"的顺序，从色彩、构图、内容、笔触四个方面对绘画进行分析。例如，当一幅画离我们很远的时候，我们可能只能大致辨认出颜色，而不能辨认出构图、内容和笔法；当画离我们稍近一些，我们不仅能辨认出颜色，还能辨认出画的构图；当画离我们几步远，我们能看清楚画的内容，也就是画是什么；当画在我们眼前的时候，我们能分辨出画的笔法的力度、顺序和形式。因此，对画面要素的分析顺序要遵循由远到近的规律：

即从色彩到构图，从内容到笔触。

在教学实践中能够发现，越是临近的，越不能把握的因素，一方面能反映出个人的深层心理状态和心理特征，另一方面也能反映出比较亲密的人际关系状态。例如，在最远的色彩因素中，作品的色彩反映了个人对情绪的强烈控制，但最近的笔触因素却反映了情绪的不可控，这似乎是矛盾的。然而，如果我们深入挖掘，就会发现，个体在与教师、同学甚至陌生人相处时，表现出情绪的稳定与平和，但在与父母、恋人等亲密关系中，却表现出难以控制自己的情绪特点。在与教师、同学或陌生人交往时，个体会有意识地控制自己的情绪，而在与父母和恋人的亲密氛围中，意识层面会在一定程度上放松对潜意识的监控，情绪不可控的一面在此时表现出来。

分析层面又包括两个方面：符号意象、主观和客观的层面。同样的东西可能有不同的符号意义，分析时需要结合学生的前期数据。可以说，每个绘画元素都对应着一个以上的原型象征意义。例如，在分析画面的色相时，每个色相都对应几个原型的含义，红色可以对应"活力、热情"或"激动"。因此，在具体实践中，美术教师应根据学生的初步信息，确定反映其心理状态和心理特征的潜意识信息。例如，如果学生在访谈中表现出明显的焦虑倾向，那么大面积的红色就更有可能象征着焦虑和紧张；如果学生是一个外向活泼的孩子，那么大面积的红色就不太可能反映出焦虑和紧张的情绪，它可能象征着热情和活力。

荣格在他的解梦工作中曾经说过，解梦可以从主观和客观层面上进行。如果有人梦见自己的妻子，那么也许这个梦确实反映了夫妻之间的某种关系，同时，在主观层面上，可以认为这个梦是他内心的一种表达。妻子的形象象征着一种内在的亲密关系，一个亲密的朋友，一个权威人物，等等。例如，一个人梦见他正要拥抱未婚妻时，有人敲门，当她应门时，她和那个人聊天，而他对此感到很恼火。在客观层面上，它预示着他与未婚妻的关系不好；但从主观层面来解释，梦境情况中的未婚妻象征着他内心的女性成分（anima）。这个梦象征着他内心的男性成分与女性成分不和谐，表明他在与人打交道时缺乏与人相处的技巧，难以与人深交。从上面的例子可以看出，基于不同层次对梦的理解会导致不同的解释，同时也会产生不同的结果。上面的例子，如果从客观层面解释，很可能是指责与女方的关系不好，而从主观层面解释，则可以促进学生提高与人相处的能力。

这种主观和客观层面的双重分析，不仅适用于解梦，也适用于绘画的心理分析。例如，在一幅画中，学生用象征死亡和抑郁的黑色来描绘他所处的环境，那么在客观层面上，作品象征着他所处环境的严酷性；在主观层面上，象征着他心灵的内部和外部成分之间的冲突和不和谐性。

画面分析具有主观性和推测性，往往只适用于一般和普遍的情况。在实践中，除了结合初步数据和相关标准外，还要结合询问和教师自身的经验和联想，为承担更重要的作用提供参考。

然而，有些时候，无法进行询问，主要是在绘图者的语言功能有限的情况下。绘图者无法用语言清楚地表达自己的自我意识和情绪感受，只能利用画面的信息对情绪状态进行推测分析。例如，低龄儿童的语言功能发育不完善，有些绘图者患有各种器质性或功能性疾病，造成语言交流障碍。另外，我们在分析名家的画作时，有时也会根据集体无意识理论，根据作者的画风特点，对作者的精神状态和心理特征进行一般性分析和推测。

在心理咨询实践中，除非在极端情况下，如学生无法与美术教师成功沟通，否则很少会单独凭借画面的信息来对学生的心理状态和特质进行推测。例如，在最初的访谈中，一个疑似患有重度抑郁症的人无法用语言交流，但愿意用绘画的方式安静地、不受干扰地交流；疑似精神分裂症导致的思维崩溃也可能使他无法用清晰的语言表达自己。在这种情况下，美术教师可以结合探访前的信息用来对探访者的静态情况进行评估，以便为下一次转诊或干预提供信息。

第二节　通过绘画色彩对学生心理健康进行分析

　　颜色是一幅画最基本的元素。当一幅画离我们很远的时候，我们可能无法清楚地分辨出它的画面内容，但我们会对画面的颜色有一个直观的感知。在绘画的心理分析中，色彩作为绘画中最直观、最直接的特征，值得我们去分析和讨论。

　　色彩对一个人的情绪状态，甚至是人格特质，都会有或多或少的微妙影响。经常接触某种颜色会在不知不觉中对一个人的感知、情绪、意图甚至性格产生微妙而持续的影响。从下面这个小故事中，我们可以看一看颜色是如何影响人的。

一、色彩与心理学

　　美学家通过研究多人的行为发现，犹如维生素能滋养身体一样，颜色能滋养心气，而且效果还比较明显。比如，高血压病人戴上茶色眼镜可使血压下降。医院的房间通常被布置为白色、淡蓝色、淡绿色或淡黄色的墙壁，这可以使人心情安定和舒适，有助于病人恢复健康。要注意选择适宜的颜色，凡是能使心情愉快的鲜明、活泼的颜色以及具有缓和镇静作用的清新颜色都可以采用，这样，可使你的视觉在适宜的颜色愉悦下，产生滋养心气的效果，并使心理困扰在不知不觉中消释。

心理学家认为，人的第一感觉就是视觉，而对视觉影响最大的因素则是色彩。色彩作用于人的感官，刺激人的神经，进而在情绪、心理上产生影响。而人的行为之所以受到色彩的影响，是因为行为容易受情绪的支配。不同年龄的人对于色彩常有不同喜好，有测试表明：4岁至9岁的儿童最爱红色，9岁以上的儿童最爱绿色。婴儿时期对于颜色的偏好是由于生理作用，年龄渐长，联想作用便逐渐加大。

色彩对我们的影响也体现在生活的各个方面，比如我们对饮食的习惯。心理学研究发现，红、黄、橙等颜色对人有特殊的影响：其一，这些颜色对人的食欲有明显的刺激和促进作用；其二，这些颜色代表着活力和速度，也会提高人们做事的效率；其三，长时间停留在这些颜色为主的色彩环境中，会使人感到烦躁。因此，许多快餐店巧妙地利用"色彩的魔力"来装饰店面。当人们置身于红、橙、黄颜色的餐厅时，首先，往往胃口大开，不自觉地比平时多点菜；其次，做事的效率大大提高，不自觉地加快了用餐速度；最后，会容易感到烦躁，所以不会在座位上停留太长时间，可以足够让下一位顾客相对容易找到座位，增加客流和收入。因此，在这样的餐厅吃饭时，我们必须不断提醒自己，为了自己的钱包和体重——不要被"颜色的魔力"所影响，在点菜时尽量控制自己的用量。

人类的心理活动，往往可以和某些颜色联系起来。例如，不同地域、不同民族的人对颜色的喜好及感受性也大不相同，比如南欧和热带的人喜好鲜明的颜色，而北欧和寒带的人喜好暗淡的颜色，这种偏好反映在他们的绘画和服装上。通常情况下，在中国文化中，红色代表着喜庆，于是红色就成为我们潜意识中象征着"喜庆"的颜色。在绘画过程中，创作者往往会不自觉地选择用红色作为投射物，以表达快乐和喜悦的情绪。

然而，对同一颜色的投射因人而异。例如，虽然红色在许多人心中代表着快乐，但在患有吐血症或经历过灾难创伤的人心中，它可能代表"危险"和"血"。因此，尽管图片包含相同的红色，但信息可能是不同的。

美术教师帮助学生找到颜色的象征意义，然后通过图片的颜色，可以分析出作者的心理色彩，进一步分析推测出作者的心理状态。

二、绘画色彩的四个要素

在绘画心理分析中，作品色彩的色相、纯度、亮度和数量四个要素被统称为绘画色彩分析的四要素。

无论什么颜色，它都有三个重要的方面：色相、纯度、亮度这三个特点是色彩的三个最重要的属性。也被称为"色彩的三要素"，色彩的三要素是相互影响、相互制约的。

色相，是指色光的频率，是区分不同颜色的最基本标准。在自然界中，不同频率的光，由于其波长不同，在人的视觉系统中显示的色相也不同。例如，在可见光范围内，红光的波长最长，为605—700纳米，凡是波长在605—700纳米的光，在人的视觉系统中呈现的都是红色；紫光的波长最短，为400—435纳米，这个范围内不同波长的光，在人眼中感知的都是紫色。

颜色的饱和度指的是颜色的纯度，也就是颜色的鲜艳程度。例如，在红色颜料中，加入其他颜色，如黑色、白色、灰色等，红色的饱和度就会降低，这种红色的鲜艳度在我们的眼睛看来就会降低。

颜色的亮度指的是颜色的明暗程度，这是由物体对光的不同反射率造成的。不同的颜色会有不同的亮度，例如，黄色和红色等暖色相的亮度要高于蓝色和黑色等冷色相的亮度。此外，在同一色相中，亮度也不同，例如，在红色中，有深红、暗红、大红和亮红等不同亮度的红色。

在绘画的精神分析中，色彩的三个重要属性，色相、纯度和亮度，也是精神分析的重要方面。

除了这三个方面之外，画面中使用的色彩的数量也起到了一定的作用。在某种程度上，它反映了绘图者的心理特征或心理状态。因此，我们总结出通过绘画色彩进行心理分析的四个要素：即色相，纯度，亮度以及数量。

三、色彩的象征意义

根据荣格的说法，"生活中有多少种原型，就有多少种典型情况，这些经验通过不断的重复深深地刻在我们的心理结构中。这种骨架化，不是以充满内容的意象形式出现，而是最初以没有内容的形式出现，它代表的不过是某种类型的感知和行为的可能性"。

从古至今，色彩一直是最重要的视觉元素。在人类漫长的进化和发展中，颜色作为在人类的集体无意识中内化为原型的经验。因此，在与认知、情感、意向等一系列心理过程的互动中，象征着不同事物的色彩逐渐内化为人类的集体无意识经验，成为集体无意识中的色彩原型。与其他原型符号一样，色彩原型也通过集体无意识影响着人类整体的感觉、知觉、思维、记忆、情感、行为等一系列心理过程。此外，随着人类整体的演变和发展，颜色原型也在不断变化和发展。

色彩原型可分为生物色彩原型和文化色彩原型。在人类大脑发育还很落后的时候，逻辑推理和思维能力还没有形成；当人类认知发展到一定阶段时，对色彩的原始认知仅凭眼睛的观察和体验，以生物的本能应激反应来理解色彩和认识色彩，从而形成对整个世界的原始认知，这一阶段产生的色彩原型具有生物性和原始性的感知，如红、黑、绿、黄等色相比较重要；当人类认知水平发展到一定阶段，逻辑思维发达时，人类对色彩的认知带有一定的文化因素，从精神和心理上不同程度地影响人类的认知发展。

红色，是公认的最古老的颜色之一，也是三原色之一。在生理上，人类和大多数动物的血液是红色的。当一个人拥有充足的血液和活力时，他或她将蓬勃发展；而当年老体弱或受伤时，血液和活力不足的个体将软弱无力，失去血液的人或动物将面临死亡的威胁。从这个角度看，红色象征着生命、热量和活力。此外，在原始人类社会中，红色火焰可以产生热量，带来温暖，还可以驱散凶猛的动物，在夜晚创造光明，加热和烹饪食物，使食物对人类来说更可口、更易消化，保证人体的健康和活力。火的这些功能使人更具生命力和适应力。血和火都是原始人类在日常生活中可以接触到的，血和火的颜色——红色——逐渐内化为人类的集体无意识经验，成为一种颜色原型。

这种原型在我们每个人身上都有显示。无论个人的文化如何，在集体无意识中，红色是象征着活力、行动、热情、温暖的颜色，具有强烈的视觉冲击。一般来说，喜欢红色的人多半精力充沛，注重行动，但有时有冲动的倾向。而讨厌红色的人，很多是因为他们处于停滞不前的阶段，没有明确的目标，因此会反感和抵制这种代表行动力的颜色。

红色意味着活力和行动，所以在某种程度上，它能提高人们的紧张感，能刺激人们的神经，使人们更加清醒，顺利进入工作状态，提高工作效率。这就是为什么世界上很多咖啡品牌，除了咖啡的颜色外，不约而同地也掺入了红色包装。因为这种包装会给人一种"耳目一新"的感觉。因此，想提高工作效率的人，不妨在办公桌上放一些红色的办公用具或装饰品。同时，如果患有睡眠障碍，因焦虑而无法入睡的朋友，最好不要在卧室大面积使用红色。

黑色，作为亮度最低的颜色，也是原始人类每天都要面对的颜色之一。对黑暗的恐惧是人类的原始恐惧之一。在原始社会，黑夜往往代表着危险、恐惧、寒冷，人们的视力在夜间受到限制，人们也需要在夜间睡觉，所以在夜间人们对于动物袭击等灾害的防范能力大大降低；同时，由于夜间没有阳光，人们往往要忍受寒冷，这些都会对人的生命造成威胁。此外，无论是人还是动植物，死亡、腐烂或燃烧后的灰烬，它们看起来是一种阴沉的黑色，植物的枝叶腐烂后的颜色也是黑色。由于黑色是一种收缩色，与浅色物体相比，黑色物体看起来比其实际重量要重。因此，如果红色原型象征着生命和热情，那么黑色原型则相反，象征着恐惧、未知、寒冷、死亡、腐烂、结束、沉重，等等。

同样地，这个黑色的原件在集体无意识中自原始时代就形成了，在全世界人们的集体无意识中仍然扮演着一个角色。在许多国家和民族的文化层面上，黑色象征着沉重、阴郁，代表着令人厌烦和禁止的事物，许多国家和民族在葬礼上的着装往往使用黑色。同时，由于黑色象征着稳重和隐蔽，所以黑色也有稳重、冷峻、神秘的含义。喜欢黑色的人很多，他们大多精明能干，稳重理性，或者有逃避和隐藏自己的倾向，使自己显得神秘。

如果说黑色代表夜晚的黑暗，那么白色则代表白天的光明。在白天，人们的视觉活动不受限制，安全感和自由度大大增强，人们在白天更容易感到放松和快乐，也更容易变得积极和乐观。

在所有的颜色中，白色的发光度最强，黑色的发光度最低。因为这样，在颜色的混合中，黑色成分加入越多，亮度越低，颜色带来的心理感受就越接近于黑色；同样，白色成分加入越多，亮度越高，颜色带来的心理感受就越融入白色的心理符号。

在四季分明的原始社会，春夏两季的自然界往往都是欣欣向荣的绿色森林和植被，而被绿色森林和草地覆盖的春天和夏天，是温暖的季节，雨水和食物更加丰富，空气更加清新。因此，在人们的集体潜意识中，绿色象征着树木、生命、新鲜、希望等。它是一种最接近自然的颜色，代表活力和放松。一般来说，喜欢绿色的人多是低调、安静、踏实的，人际关系比较好。而讨厌绿色的人，很多都处于孤独、烦恼的阶段。

黄色是热情、成熟和富足的颜色。黄色原本象征着太阳，代表着灿烂和热情，但在夏天，过多的毒辣阳光也使人感到焦虑和不安。因此，金黄色在人类最初的原型中，象征着温暖、灿烂、成熟、丰收，但也有焦躁、不安、危险等负面象征意义。喜欢黄色的人，大多幽默、开朗、口才好，喜欢各种新鲜事物，有成功的能力和魄力；而讨厌黄色的人，很多都比较保守，墨守成规。

生物学上的颜色原型有时会以相反的方式表现出来。例如，在现实生活中，有一个有趣的现象，蓝色可以有效地抑制人们的食欲。这是因为，在自然界中，很少有新鲜、健康的天然食物是蓝色的，所以在人们的集体无意识中，蓝色是一种与食物"无缘"的颜色。所以当人们看到蓝色食物时，就会在潜意识中产生排斥心理，进而把这种食物和变质、不新鲜、有毒素等联系起来。因此，我们可以巧妙地利用蓝色来控制食欲，达到减肥的目的。处于减肥阶段的人，尽量把家里的桌布、餐具等换成蓝色，可以有效控制食欲。

这一系列的色彩原型都是生物性的，来自人类自原始时期以来对生活中各种事物的直接经验和感知，这些直接经验和感知随着人类的进化而不断发展，所以这些颜色原型是生物发展过程的产物。

四、色彩的文化内涵

随着人类的不断发展，大脑的进化，人类感知水平、思维能力和语言能力的发展和提高，在生物色彩原型的基础上，出现了文化色彩原型。

如前所述，黑色在原始人类心中象征着恐惧、未知、寒冷和腐朽，随着人类文化的发展，黑色逐渐具有了更积极的象征意义。近年来，越来越多的人意识到，黑色服装可以让人看起来更苗条，而且黑色在服装配色中比较百搭，适合衬托其他颜色，比较低调不张扬，所以随着文化的发展，黑色逐渐有了"华丽的低调"等象征意义。

同样，黄色最初象征着激情、灿烂、躁动、不安等，但随着农业社会的发展，人们经过春播，也就是秋收的庄稼成熟了，迎来了收获的季节，田野里到处都是金黄一片灿烂成熟的稻谷或小麦，带给人们丰收的喜悦，因此，黄色又有成熟、果实等象征意义。此外，随着商品经济的发展，贵金属——黄金对人们的社会生活和阶级地位的影响越来越大，而黄色具有财富、尊贵等象征意义。

随着人类文化和精神的发展，天空的蓝色与人类崇拜的"天堂"联系在一起，蓝色被赋予了和平、平静、神圣、灵魂等象征意义。除了天空，蓝色的原型还象征着海洋，象征着和谐、放松、广阔的感觉，但也有海水的冰冷，在浩瀚的海洋中漂泊无依，所以也有压抑、悲伤、冷漠的负面象征意义。此外，随着制造业的发展，人们从植物的汁液中提取染料，用于器皿和服装的描绘和装饰，蓝色是较早提取的颜料之一，所以蓝色也象征着文明。喜欢蓝色的人多半比较谨慎，严格遵守社会规则，有很强的团队协调能力，喜欢独处，而不喜欢蓝色的人可能正在经历或已经经历了巨大的失败和痛苦。

与蓝色原型一样，白色原型也被赋予了强烈的文化内涵。白色原本是雪花的颜色，雪花也来自天空，因此具有神圣的意义。同时，下雪时，原本脏乱的自然环境也变得干净整洁。因此，随着人类文化的发展，白色具有纯洁和神圣的象征意义，代表了一种神圣和理想主义的感觉，但也有消极的象征意义，如空虚和迷惑。喜欢白色的人大多有远大的理想，并努力认真工作。不喜欢白色的人可能有责任感，受到别人的信任，而不喜欢白色的人可能有与他们的文化相关的禁忌，或者可能想起以前的经历，引起负面情绪。

不同的物种对颜色有不同的感知。人类是智能生物物种，随着人类在生物层面的长期进化，大脑、神经系统和各感觉器官的功能不断进化和完善，人类的感觉能力、思维能力、语言能力和记忆能力也在不断进化和完善。随着文明的发展，人类拥有了有别于其他物种的宝贵的精神和文化财富。在漫长的生物进化和文明发展过程中，人类每天都在与生活中各种丰富多彩的事物打交道，并在互动中形成了对这些事物的心理体验，这些体验通过生物遗传和社会交流互动进入人类的集体无意识，并影响到人类个体对色彩的心理感受和体验。

五、使用颜色参考标准

在自然界中，有10种基本色相，即红色、橙色、黄色、绿色、蓝色、紫色、黑色、白色、灰色、棕色。这些色相中的每一种都有某些类型的原型意义。在绘画的心理分析中，熟练掌握每个基本色相所代表的原型意义有助于我们掌握画面的整体心理意义。

色相符号参考表

色相	象征主义	儿童绘画分析参考	成人绘画分析参考
红色	活力、行动；温暖、热情；危险、警惕；吉利、年轻、美丽；暴力、流血、恐怖	6岁以前的儿童只使用红色是正常的。6岁以后，图片中红色的过度使用可能反映了自我的暴力倾向和不可控制的情绪。	图片中对红色有很大的偏好，往往意味着高能量、热情和大胆，以及强烈的情感需求。但有时容易冲动和情绪化，往往是遇到挫折后的后悔，甚至是跌倒；有时大面积的红色代表愤怒的情绪。

色相	象征主义	儿童绘画分析参考	成人绘画分析参考
橙色	美味、健康；警觉、焦虑；智慧、光芒、神圣；活泼、无辜	比较以自我为中心，情绪波动比较明显，情绪不好时，会有一定的攻击性，但可以自我缓解。 常常成为群体中的明星，希望掌控所有计划，拒绝成为附庸。在新的环境中容易交到朋友，但由于不懂得理解别人，也容易与新朋友发生争吵，而且由于比较幼稚，有被犯罪分子欺骗的危险。	图中大面积偏爱橙色，一般意味着勇敢、进取，善于结交各种朋友，但因为喜新厌旧，并不能交到真正的朋友。
黄色	热情、温暖；成熟、希望；警惕；财富、骄傲、权力、辉煌；谦逊；拒绝	单独使用或与红色一起使用，有时表明孩子过度依赖成人。 理想主义，反应迅速，有天才的一面。	喜欢大面积使用黄色的人，很容易成为人群中的中心人物。他们大多是理想主义者，讨厌一成不变，喜欢新鲜事物，追求自由，热爱学习，善于制订各种计划。 喜欢黄色的人也有依赖他人的倾向，并且由于对幸福的过度渴望，常常感到得不到足够的关怀。

色相	象征主义	儿童绘画分析参考	成人绘画分析参考
绿色	自然、清新；活力；和平、希望、理想；慷慨、优雅、仁慈	喜欢绿色画笔的孩子一般性格比较开朗、随和，没有心机，比较包容、宽容，有很强的进取心和好奇心。这些孩子也有避免竞争的倾向，尤其是那些喜欢橄榄绿的孩子，他们中的大多数人都有比较暴力的性格，并有可能出现歇斯底里的发作。	画面中对绿色有很大偏好的人一般都比较优雅、稳重、温柔、有感情、善解人意。喜欢沉默和静止，不苟言笑，严格要求自己，按部就班，能够迅速从挫折中反弹出来。
蓝色	辽阔；遥远、梦幻；忧虑、沮丧；谨慎；平静；冷漠	喜欢蓝色的5岁以下儿童比喜欢红色的儿童更有分寸。6岁时大量使用蓝色是适应能力强的标志。也可能意味着孩子太过拘谨。	对画面中的蓝色有较大偏好的人，诚实、温和、谦虚、谨慎，有较强的团队协调能力，遵守规则，做事有弹性。有时显得有些懦弱，有时又比较固执。喜欢水蓝色、天蓝色等亮蓝色的学生一般都很感性，而喜欢海军蓝等深蓝色的学生一般都比较理性，前者能够自由表达自己的想法，而后者则喜欢凌驾于他人之上。此外，喜欢深蓝色的女性还表现出很强的自理能力。

色相	象征主义	儿童绘画分析参考	成人绘画分析参考
紫色	高贵的、神秘的；忧虑的；悲伤的、昏暗的；威胁的	儿童很少使用代表忧虑的紫色，只有在难以适应环境时才使用；紫色经常与蓝色一起使用，反映出一定程度的焦虑。倾向于有剧烈的情绪波动。这些孩子非常在意别人对自己的态度，容易因别人的态度变化而出现情绪的剧烈变化，当他们失去对自己情绪的控制时，不会向外宣泄，而是指向自己的内心。喜欢紫色的女孩很容易沉溺于自恋中。	喜欢紫色的成年人一般都有神秘的气质，为人谨慎，不爱表现自己的愤怒，不善于交际，喜欢思考、压抑和控制自己的情绪，给人一种冷漠、高傲的感觉。
黑色	死亡、结束、腐烂；恐惧、不幸、消沉、邪恶、悲伤；寒冷、污秽；隐蔽、低下、稳定、重量；高贵	每个时代都使用黑色，用黑色勾勒轮廓是一种正常的表现。黑色有时是内心丰富的标志，但整个画面大量使用黑色可能意味着孩子的恐惧和悲痛。	喜欢大面积黑色的人，性格比较内向，情绪压抑，不喜欢炫耀和吸引别人的注意，总认为自己没有好运的关系，没有激情和活力，对身边的人和事提不起兴趣，当事情没有按照设想进行时就想打退堂鼓。对别人非常谨慎和小心，喜欢独处，希望保持独特的个人活动空间，保持自己的优雅和威信。

色相	象征主义	儿童绘画分析参考	成人绘画分析参考
白色	明亮、干净；圣洁、纯洁；冷漠、放松；诚实；理想	由于有比较严重的完美主义倾向，这些孩子几乎都有洁癖。而且由于不能容忍自己朋友的缺点，在生活和学习中很难获得他人的友谊。	喜欢白色的成年人个性简单，脾气倔强，泾渭分明。因为追求秩序和完美而使自己筋疲力尽，不被别人喜欢。
灰色	茫然；坚实、稳定；肮脏；适度、低调	深灰色的色相象征着孩子与家庭和社会的不相容，以及内部的各种冲突。	画面中喜欢大面积灰色的人，比较稳重，有能力，有知识，有修养，善于用灰色来中和或减少外界的压力，能承受压力，有平衡的能力。
棕色	泥土的；坚实的；腐烂的；简单的，稳定的；古典的、优雅的	棕色和其他灰度表示孩子与家庭和社会的不相容，以及各种内部冲突。 大多数不自觉地喜欢棕色的孩子是在性格非常保守的祖父母身边长大的。他们从小就被教育要压制自己的要求，服从大人，导致他们内心缺乏安全感，容易瞻前顾后，优柔寡断，很少表现出孩子应有的无忧无虑的样子。 经常使用这种色相的儿童比较顽固。	喜欢棕色的成年人一般都善于理财，忠诚、诚实而不忘本。

色彩的纯度，也叫饱和度，在绘画的心理分析中主要通过色彩的鲜艳度和色彩的可读性两个角度来揭示。

颜色的鲜艳度是通过混合彩色颜料和黑、白、灰颜料来实现的。在某一色相的彩色颜料中，黑色、白色和灰色颜料被混入，黑色、白色和灰色颜料的比例从 0 到 100% 不等。黑、白、灰的比例越接近 0，颜色的纯度就越高，越鲜艳；而黑、白、灰的比例越接近 100%，颜色的纯度就越低，越不鲜艳。因此，纯度代表某种颜色的鲜艳程度。例如，白色混入正红色后，在视觉上产生粉红色效果；混入黑色后，在视觉上产生暗红色效果。粉红色和暗红色，都属于广义的红色相，是不饱和的红色。

颜色的可识别程度是通过某些彩色颜料的相互混合来实现的。红、橙、黄、绿、蓝、紫和其他深浅不一的颜料相互混合，可识别程度不同。如绿色与蓝色混合，蓝色和红色与黄色混合，我们往往无法分辨这些颜色相互混合后是什么颜色。如蓝与绿混合形成的"蓝绿"，也是一种不饱和色。

颜色与情感的感受和表达相对应。在童年时期，个人通常喜欢明亮、纯净和高饱和度的颜色，如大红色、绿色和明亮的黄色。在儿童画中，使用的颜色也大多是明亮、高饱和度的色相。这是因为在儿童所处的主观世界中，表达情绪也比较外露、高调、单一，如直接大笑、大哭等。因此，相比之下，儿童画一般选择用鲜艳的色彩来描绘其外在的、高调的情绪。

因此，从这个意义上说，高饱和度的色彩，在人们的潜意识中，与"活泼""年轻"联系在一起，同时也意味着"幼稚""不成熟"。大多数儿童读物，在版面上都会选择使用鲜艳的色彩，这样可以最大限度地吸引儿童的注意力，符合儿童活泼、高调的情感特征和审美眼光。想让自己看起来年轻有活力的朋友，在日常服装搭配上，不妨选择一些色彩鲜艳、饱和度高的颜色。

随着人们心理和生理水平的不断成熟，情感逐渐内敛、低调、复杂，无论是感受还是表达，这时，人们会越来越觉得不饱和色更符合自己的审美，在服装、家居、绘画中会更多地选择使用不饱和色，从心理特征上看，是因为这类色彩直接传达的情感较少。

因此，不饱和的颜色在潜意识中意味着"变得"柔和、平静和安全。

成熟、内敛、低调的情调，符合成年人的情感特征和审美眼光，所以会显得很上档次，这也是为什么大多数奢侈品牌在配色上会选择低饱和度颜色。

成年人的绘画作品，包括大面积的明亮饱和的颜色，往往意味着在一段时间内对情感表达的强烈需求，或在情感表达方面有一种退步的趋势。

颜色纯度符号参考表

纯度	高纯度	低纯度
颜色特征	鲜艳、生动或高识别性	鲜艳度低或识别度低
分析参考	高调、外向；纯洁、幼稚；突出；情绪意识高，情绪控制力低	低调、内敛；复杂、成熟；隐蔽；情绪意识低，情绪控制力强

色彩亮度又称色彩的明度。不同颜色会有明暗的差异，相同颜色也有明暗深浅的变化。在某一色相的颜料中加入的黑色比例越高，亮度就越低，看起来就越暗；白色添加的比例越高，它就越亮，看起来就越明亮。在同一色相中，低亮度象征着沉重、庄重、肃穆、深沉、压力等，通常与消极情绪相对应；而高亮度象征着温暖、轻松、欢快、清新等，通常与积极情绪相对应。

例如，深蓝和浅蓝都属于蓝色系，但深蓝加入黑色后，往往会唤起深沉、空旷、紧张、冷漠等情绪感受；而浅蓝加入白色后，往往会唤起宽广、蓝天、自由、清新等情绪感受。虽然蓝色是一种冷色相，但在某些方面，浅蓝色对应的情感感受和情绪表达与暖色相的情况类似。

同样，红色作为一种暖色，加入白色的浅红，容易使人联想到温和、轻快、活泼等情绪感受；而加入黑色的深红，容易使人联想到庄重、肃穆、压迫等情绪感受。

亮度符号参考表

亮度	高亮度	低亮度
颜色特征	含有白色的颜色比例高	含有黑色的颜色比例高
绘画的心理分析的参考指标	除了这一色相的原型符号外，它还包含了白色的原型符号，如光明、清洁、神圣、纯洁、寒冷、轻松、诚实、理想，等等。通常与积极情绪相对应。	除了这一色相的原型符号外，它还包含黑色的原型符号，如死亡、结束、腐烂、寒冷、肮脏、隐蔽、稳定、重量、不幸、邪恶、悲伤、高贵、稳定、低贱等。通常与负面情绪相对应。

一般来说，正常人在绘画时倾向于使用适当数量的颜色。儿童在这方面的表现与成人不同：儿童倾向于选择多种颜色来完成他们的绘画，而随着年龄的增长，个体在绘画中使用的颜色比儿童时要少。

性格正常的儿童会倾向于在条件允许的情况下尽可能多地画画。在画面中选择更多的颜色来表达自己，象征着潜意识中与自己的情感交流，与外界的沟通。相反，性格孤僻的儿童在画中使用的颜色种类比其他儿童少，有些性格孤僻的儿童用同一种颜色反复画同一个东西，最后物体出现单色，这说明他们的内心处于封闭状态。

通常，情绪越强烈，或者绘画者对自己情绪的控制水平越低，就越倾向于选择多种颜色。例如，在画风景时，有些学龄前儿童使用多种颜色，如红、黄、蓝、黑，这些颜色的叠加反映出学龄前儿童的情绪很强烈，处于难以控制的水平。

对于成年人来说，情绪反应强烈或情绪控制能力较差的人会比普通人使用更多的颜色。反之，他们会使用较少的颜色。例如，患有躁郁症的人在狂躁状态下经常使用很多种颜色；控制力低下的成年人在绘画时会使用更多种颜色，幼童也是如此。

如果学生在用颜色作画时显得比较克制，使用的颜色种类比一般人少，说明他们在与他人进行自由的情感交流。在交流时，他们通常表现得过分谨慎，无法建立温暖而确定的关系，难以与他人交流或分享自己痛苦或快乐的情绪。

因此，对于颜色数量的心理分析，我们必须根据绘画者是儿童还是成年人来区分。

颜色数量分析参考表

颜色的数量	丰富多彩	少点颜色
儿童	这是正常的表现：正常的孩子会尽可能多地挑选颜色，通常超过5种。	有退缩倾向的儿童比其他儿童会选择更少的颜色。 单色显示内部封闭状态。
成人	情绪反应大、情绪控制能力差的成年人比一般普通人使用更多的颜色。	情绪平静，控制情绪，有时过于谨慎、害羞，不习惯与人进行情感交流。

第三节　通过绘画构图对学生心理健康进行分析

当一幅画直接展现在我们眼前的时候，除了颜色之外，最宏观、最直观的感受就是画中包含的元素之间的相互关系。画面中包含的元素之间的相互关系被称为构图。

构图的三要素包括位置、距离和面积。在绘画中，位置包括两层意思：一是指整个画面在纸上的位置，二是指某个画面元素在纸上的位置；面积也包括两层意思：一是指整个画面在纸上所占的面积，二是指某个画面元素与其他元素相比的相对大小；距离指的是图片元素之间的距离分布。

比如中国国画中的山水画，好的山水画，非常强调规律性和辩证法，山水画构图要运用对立统一规律，体现在形式上有宾主、呼应、远近、虚实、疏密、聚散、开合、藏露、均衡、黑白、大小等关系。这些要素直接影响着图画所呈现的效果，也在某种程度上反映出画家内心的感受。

一个人的心理状态和心理特征会通过主动的空间配置反映出来。例如，一个性格外向、开朗的人，在选择房子时，可能会选择巨大的玻璃落地窗，以保证充足的阳光和开阔的视野，不喜欢窗户被遮挡，这种选择满足了他潜意识中与外界交流的需要；而一个缺乏安全感的人，往往会选择较小的窗户，即使窗户较大，也倾向于配备厚重的窗帘或密集的防盗网，以满足其安全需要。

因此，我们可以通过空间构图来探索个体的心理状态和心理特征。绘画心理分析中的构图分析是分析作品中各种元素在纸张二维平面上的空间构成分布，这种二维分布也投射出创作者的内心。

一、构图与心理学

绘画心理学构图分析的重要理论基础之一是荣格的空间象征主义理论。在绘画心理治疗和沙盘治疗中，众多心理学家和教育家都在实践着荣格的这一理论，并不断纠正和改进。

荣格自己的绘画解释象限模型也有一个发展过程。一开始，荣格提出了一个四象限模型。

荣格认为，在一幅"田"字格的四个象限中，每一个都有不同的象征意义。左上方与父亲有关；左下方与无意识或过去有关；右上方与未来有关；右下方与母亲有关。象限模型可以用来解释绘画，例如，右上方的乌云象征着与未来有关的东西，会引发个人的负面情绪，以及他或她所面临的某种压力。

荣格后来完善了这个模型，在早期的四个象限中，增加了上、下、左、右的解释，空间的上部象征着精神世界、未来和父亲，下部象征着物质世界、过去和母亲。加上原来的左上、右上、左下、右下，共包括八个空间方位，每个方位都含有心理学的象征意义；而普遍意义上的知识，普遍的无意识符号被扩展到象限，形成了空间符号理论。

荣格的空间象征主义理论得到了许多心理学家和教育家的支持。除绘画心理治疗外，空间象征主义理论也被广泛用于沙盘治疗中。心理学家和教育家在绘画心理治疗和沙盘治疗的实践中，一直在使用并改进和修正荣格的空间范围象征意义图。下面是一些学者对空间象征模式的看法。

苏珊·巴赫支持自由绘画对重病儿童的重要性。巴赫的观点是基于荣格的理论，即儿童自发的艺术创作是自我的表达，绘画中的一系列信息，包括物体的布局，以非语言的方式传达了自我或个人身体状况的信息。

在巴赫的象限系统中，右上方与"这里"和"现在"有关；右下方与"最近的过去"或"可能的未来"有关；左下方与"黑暗之地"和"未知"有关；左上方与"夕阳"有关。基于实证研究，她发现这个系统是有价值的。值得注意的是，她的系统中的左上象限（因为太阳常常与父亲有关）和左下象限（因为听起来像无意识）似乎与荣格的象限相似。

格鲁尔是一位艺术史学家，他曾研究和验证过一些艺术家的艺术作品，得出所产生的空间符号模式为左边是过去，右边是未来；左边的底部代表出生、起源，右上角代表目标，要去的地方。

据吉沅洪介绍，在树型人格投射测试中，纸的位置象征着父母的影响、环境和现实，以及学生对环境和现实的态度。纸张的左边与母亲、女性原则、过去（记忆和前世等）和经验的被动面有关；右边与父亲、男性原则、未来（期望）和经验的积极面有关。

我们的学者张日昇在对沙盘疗法的研究中认为，参与者的作品在沙盘空间的配置和玩具布置的条件下投射出他们的内心世界。一般来说，左边代表过去，右边代表未来。各种车辆和人、动物朝向左边意味着退却，而朝向右边意味着前进；左下角可能意味着源头或开始，而右上角可能是目标或发展的终极。

露丝·阿曼在沙盘游戏治疗中总结的空间符号模型认为，新的精神方面的冲动通常从左上方出现；从左下方出现的能量更多的是指身体和本能能量的增加。代表外部世界的反移情能量，如分析者对学生的反移情，可能从右边出现。向左移动代表退行，或者它们代表更有可能的能量流回无意识。这可能意味着回归（无意识）或无意识能量的增加量的聚集指向一个新的目标，一个新的过程。从左下角到右上角的运动表示向生活、向外部世界的发展，这在年轻人的沙画中经常可以看到。在成年人的沙画中，往往可以看到从右下角到左下角的运动，它表明内在精神世界的发展。

二、位置在绘画心理分析中的体现

结合荣格和其他学者关于空间象征意义的理论和实践，总结了一份绘图者的心理状态与构图关系的参考表。在分析构图时，可以从两个层面进行，一个是整体画面，另一个是画面的某个元素。

在绘画的精神分析中，画面的内容或主题部分可以看作是绘图者个人的内在心理投射，而纸张或其他部分则可以看作是绘图者所处的外部环境或社会的投射。当整个画面大致居中时，意味着绘图者与周围环境、社会和他人的关系比较和谐；但在极端情况下，当整个画面正好在纸的中央时，则象征着绘图者比较缺乏安全感，以自我为中心，或者有强迫症或完美主义的倾向。

当画面整体向左时，象征着绘图者对过去的依恋，也象征着绘图者的个性，这种个性是感性的，而不是逻辑的；在极端情况下，画面整体被纸张的左边缘切断，象征着对过去的过度依恋，可能有沉溺于过去而回避未来的倾向，也有对未来有一种不确定感，对未来的生活也有担忧。

纸张右边的空间象征着未来和理性。因此，当画面整体向右时，象征着绘图者对未来的憧憬以及他的个性，他比较理性，对逻辑的重视程度高于情感；在极端情况下，画面整体被纸张的右边缘切断，象征着绘图者有逃离过去的倾向，对过去的某些人或事有比较消极的感受，等等。

纸张的上半部分象征着精神世界。当画面整体在上边时，象征着绘图者对精神世界的追求和幻想；在极端情况下，画面被纸的上边切断，象征着绘图者的想象力非常丰富，但有时容易用幻想代替现实，拒绝接受现实状态，需要在行动上加强。

下方的空间象征着现实世界和安全。当画面整体向下时，象征着绘图者对现实和安全的关注和追求；在极端情况下，画面被纸的下缘切断，象征着绘图者有压抑自己的倾向，自己的情绪、情感和观点得不到很好的释放，有时情感冲动和情感压抑同时存在。

总体位置符号参考表

画面的整体位置	象征性意义
总体情况是大致居中的	和谐的人际关系，对环境和社会的良好适应；情绪平和
是整个画面的中心	较强的自我意识，以自我为中心；强迫症倾向，完美主义倾向；不安全感
总体情况是靠左的	执着于过去，感性；更强调情感而非逻辑
整个画面被纸张的左边缘切断了	比较留恋过去，对未来不确定；想开始新生活，但对未来感到矛盾
总体情况是靠右的	对未来的展望，理性，逻辑比情感更重要

画面的整体位置	象征性意义
整个画面被纸张的右边缘切断了	对过去的恐惧和远离它的倾向，以及很多忧虑，不知道该怎么做；一定程度的恐惧
总体情况是偏上的	注重精神世界，追求精神世界的满足；喜欢幻想
整个画面被纸张的上边缘切断了	富有想象力，有时用幻想代替现实，拒绝接受真实的状态；行动力弱
总体情况是偏下的	对现实世界和安全的关注和重视
整个画面被纸的下缘切断了	倾向于自我压抑；有时情绪冲动和自我压抑同时存在
整个画面位于左下方	不安全感、依赖性、害怕独立；低自尊；有抑郁或焦虑的倾向
整个画面位于右下方	与现实有关的焦虑感或对未来的担忧

在绘画心理分析中，画面的位置不仅适用于对整体画面的分析，也适用于对个别元素在画纸上的相对位置的分析。例如，在绘画心理分析中，我们可以结合某个元素的含义和元素的位置来分析学生潜意识中的哪一部分表现出什么倾向。例如，如果学生在画面的右上方画了一片乌云，我们可以认为这是学生潜意识中未来的困难，可能更具有精神性。如果在人际关系图中，学生将象征"父亲"的元素放在整体画面的左侧，因为左侧在空间符号学中代表过去、感性和母亲，那么在咨询中我们可以更加关注父母关系、父亲的教育

作用以及父亲的人格对学生的影响。因此，美术教师在咨询中可以把图片的构成特征作为一个切入点进行探讨。

元素位置符号参考表

元素位置	象征性意义
左侧	过去；感性；母性
右侧	未来；理由；父亲的身份
顶部	精神世界；想象力
底部	物质世界；现实力量
中层	目前的状态；核心人格特质

三、距离在绘画心理学中的体现

图中元素的空间距离代表心理距离，这在人际关系图中更为明显。近的距离象征着相对密切的关系和互动，以及希望接近的内在倾向。远距离象征着相对遥远的关系和互动，或希望逃避的内在倾向。

元素个体距离符号的参考表

元素之间的距离	空间上的接近性	空间距离长
象征性意义	心理上的接近，密切的联系和互动；或者是接近的动力，或者是为了必须面对的事情	心理上的距离，与对方的情感联系较少；或有逃离的倾向

例如，在人际关系图中，学生将最接近的元素，如象征"父亲"或"母亲"的元素，放在离象征"自我"的元素最远的地方。这可能象征着潜意识中与父母的心理距离，或有逃避父母的倾向，所以在咨询中，我们可以多关注父母关系方面的相关线索。

四、面积在绘画心理学中的体现

在分析构图的大小时，就像分析构图的位置一样，可以在两个层面上进行，一个是针对整个画面，另一个是针对画面的某个特定元素。

整体画面面积的大小与绘图者的自我评价有关。一般来说，有以下特点：整体画面比较大，象征着充足的心理能量，但也可能有攻击性、情绪化、激动的倾向，或者是内心无力感的外部反向表达；整体画面比较小，象征着自卑，表现出克制、胆怯、忐忑的倾向，也可能有不安全感或存在退缩的倾向，或者有抑郁的情绪或抑郁症倾向。

在图片中，面积最大的元素往往象征着该元素所指的象征意义对自己的影响较大，能量较大，或对自己最重要；而图片中面积最小的元素指的是对自己影响较小，能量较小，或被无意识地忽视和压制的象征。

画面区域符号参考表

画面的整体面积	象征性意义
整体画面面积大	充足的精神能量、自信、积极进取、喜怒无常、不安分的倾向；也可能是一种内在的无力感，与外在表现相反
整体画面面积小	心理能量不足；自卑、低自尊、克制、胆小、害羞、退缩、缺乏足够的安全感，有抑郁或抑郁症的倾向
在图片中，某个元素有很大的面积	这个元素的象征对自己的影响更大，更有活力，或者是潜意识最看重的
在图片中，某个元素的面积很小	这个元素指的是对自己影响较小或不重要的符号，能量较弱，或在潜意识中被压制或忽略的符号

例如，在一幅画中，整张画都被填满了，几乎没有空的地方。而根据美术教师对学生的初步了解，得知学生比较情绪化、易怒，那么这种易怒很可能来自内心深处的无力感，通过情绪化和易怒的反向心理防御机制，将这种无力感投射到外界的其他人或事物上。在咨询中，我们可以逐渐把注意力放在引导学生追溯这种无力感的来源上。

第四节 通过绘画的内容对学生心理进行分析

绘画的内容是指绘画中所包含的一切元素。根据荣格的集体无意识理论，都可以找到相应的原型符号。无论哪一种绘画，总是会包含某些内容或元素。例如，在"房—树—人"测试中，所展现的是一幅具象画中包含房屋、树木、人等内容，也可能有一些装饰的元素，如太阳、月亮、草地等。这些都是绘画的内容。在抽象画中，可能没有具体的物体，但包含颜色、形状、涂鸦群等元素。这些元素也可以被看作是绘画内容。

我们对学生绘画中经常出现的内容进行统计，总结的绘画内容主要包括人物、动物、植物、自然物、附加物、形状等。

无论哪种绘画内容，需要注意的是，就绘画内容的分析而言，都要从主观和客观层面进行分析。例如，就绘画内容而言，从客观方面看：学生画的是一个亲密的异性，可能象征着现实中与这个人的关系；学生画的是自己尊敬的老师，可能象征着现实中与这个老师的交往；学生画的是一条毒蛇，可能象征着现实中的某种危险。从主观方面看，与异性的亲密关系可能象征着学生内心的阿尼玛或阿尼姆斯；受人尊敬的老师可能象征着学生内心的"智者"；毒蛇可能象征着一个人内心的一部分状态或特质，而这部分状态或特质是自己无法控制的，可能对意识造成伤害。因此，在分析这幅画的内容时，美术教师最好同时把握主观和客观两个方面。

一、学生绘画中的人物符号分析

在具象画中，美术教师给学生的是画的主题，画的必须是相对真实和具体的物体。形象画中的人物是美术教师要求学生包含在画中的人物。换句话说，具象画中的人物是美术教师要求学生画的东西。常见的具象画包括"房—树—人"测试中的人物，绘画测试中的人物，以及人际关系图中的人物。

人物画测试是一种相对标准化的人格投射测试，1926年，古德耶夫试图通过画人来测试儿童的智力，这是世界上第一个标准化的绘画测试，并很快传播开来，被广泛用作测量智力的方法；1949年，麦卡弗里出版了《人物画中的人格投射作用》。探讨人物画与人格特征和心理病理学之间的关系，画人测试的对象不再局限于儿童，其中画人的心理冲突和防御机制与人物中的特定符号相联系，并以临床观察的形式做出精神分析的权威解释。

具象画中所画的人物往往是学生自我的投射：可能是真

实的自我形象，也可能是理想的或期望的自我形象；可能是学生自己不同的人格面具的投射，也可能是对人际关系的态度。下表显示了出现在学生具象绘画中的人物代表的符号意义。

具象绘画中人物特征的符号参考表

元素	表达方式	象征性意义
角色作为一个整体	未完全上色（如只上了一半的身体）	对自己缺乏全面的认识，感到自己的不足，有抑制或回避的倾向
	卡通人物、抽象人物、媒人	防御心态，希望隐藏自己，不愿意暴露自己的真实身份；拒绝或对抗的态度
	前视图	与外界沟通的态度；希望别人了解自己
	侧面画像	希望保持自己的某种神秘感
	后视图	自我保护，不愿意面对真实的自己，或有拒绝和逃避现实的倾向；避免表达情绪，害怕失去控制
	整个人被涂成黑色	对自己的不认可和严重的情绪困扰
人员活动	活动期间	活跃的、心理上的能量、强烈的驱动力、情绪化；有时象征着狂躁的倾向
	坐姿	心理能量低，力量小，情绪疲惫；如果有扶手椅，象征着对情感的需求和依赖的倾向

元素	表达方式	象征性意义
头部	头部在整个身体中所占比例过大	富有想象力；寻求智力上的满足；或智力低下，或对自己的身体不满意
	头部与整个身体的比例过小	依赖性倾向；低自尊倾向，内心软弱；回避社交；或智力问题
头发	精心的发型设计	对自己的肯定和赞赏；有时代表自恋情结
	太多的杂物	情感上的忧虑和焦虑
	秃头	精神能量不足
五种感官作为一个整体	缺少五感	试图逃避关系，或不能很好地适应环境
	五官模糊不清	自我保护，倾向于退出人际交往
眼睛	大眼睛	敏感，以情感方式理解世界；外向和积极，容易受到外界影响
	小眼睛	理性、专注；内向、自我关注、自我反省
	没有眼睛	性格内向，生活在自己的世界里，对外部环境不感兴趣
	绘有眼睫毛	重视外表，用心待人
眉毛	长眉毛	感情丰富细腻，性格温和，善于交际，协调能力强；心胸宽广，能听取不同意见；与家人和朋友相处融洽；生命力旺盛
	眉毛短小	更加以自我为中心，易怒，情感脆弱，缺乏耐心；不太可能听取别人的意见，可能与家人和朋友的关系不融洽

元素	表达方式	象征性意义
眉毛	凌乱的眉毛	性格比较直接，不愿意受制于人
耳朵	失踪的耳朵	很少听取别人的意见
	耳朵太小	害怕倾听或耳朵健康受损
	耳朵太大	对他人的言语敏感；听力障碍，或出现幻觉
鼻子	鼻子缺失或模糊不清	缺乏主动性；缺乏活力
	强调鼻子	有自信和攻击性；可能有性方面的困扰
	大鼻子	具有领导能力，善于综合管理协调
	小鼻子	不能很好地协调
嘴巴	缺少或模糊的嘴	喜欢独处，不想与人交流，情绪低落
	重视口腔	喜欢表达和吃喝，追求感官享受和欲望满足，或存在不满的倾向；有强烈的表达欲望，或想表达自己但有表达障碍；嘴巴涂成红色，强调女性特征
	大嘴	有梦想；生命力旺盛；性格开朗，热爱社交，领导力强；执行力强，果断
	小嘴	求知欲强；敏感；计划能力强，考虑周全；缺乏执行力和耐力，依赖性强；活力不强
	绘制牙齿	对儿童来说是正常的；如果成年人则具有攻击性和侵略性，有虐待的倾向

元素	表达方式	象征性意义
颈部	缺少颈部	以自发的方式行事，不考虑后果
	短颈	倔强、冲动和顽强的个性
	长脖子	追求时尚，动机强烈，依赖性强，感情细腻，善于提建议；或出现与颈部有关的身体症状，如咽喉肿痛等
	歪脖子	强烈的自我意识；表面上的迎合和自我控制；善于猜测别人的想法
肩部	方形的肩膀	在压力下；过度自我保护和心理防卫；具有攻击性和敌对性
	宽阔的肩部	功能强大，能够承受压力
	肩部较小	自卑；无力承受压力
胳膊	缺少的手臂	愧疚感或内疚感
	长而有力的手臂	有目标、有理想、行动力强
	胳膊短而无力	缺乏目标理想和行动，感觉软弱无力，匮乏
	双手交叉	对权力的热情；对自我的欣赏；对外部世界的敌意
手	失踪的手	对流动性缺乏信心
	大手	攻击性强；有时象征着行为操纵能力低下，是对自己行为无能的反向补偿性表达
	小手	对流动性缺乏信心
	手部模糊不清	对人际关系缺乏信心
	漆黑的手	焦虑或内疚的感觉

元素	表达方式	象征性意义
手	不能用手指画画	不符合常规，对细节和执行的关注不够
	详细的手指画	态度友好，愿意与人交往；但在特殊情况下，这也是一种敌意的表现
腿部	长腿	对自主性的强烈需求
	短腿	一定程度的自我限制
	腿的长度或厚度不均匀	缺乏安全感和稳定
脚	没有画脚	缺乏独立性
	小小的脚	不安全感和依赖他人的需要
	超大的脚	注重行动
	一只大脚和一只小脚	不稳定的职业基础
服装	衣服和配饰的细节	强调仪表；自我欣赏
	重视纽扣	依赖性，缺乏独立性；不成熟
	重视领带	领带非常小：象征着缺乏性功能 领带很长，很夸张：是性侵犯的象征

　　然而，很多时候，在抽象和非限定的绘画中，指导教师并不要求学生画出作品中的人物，而测试者有可能自发地画出人物。

　　抽象和无定性绘画中的人物，从原型象征和意义上看，可能与具象绘画中的人物一样，是学生自身状态或人格面具的投射，也可能是内在阿尼玛、阿尼姆斯、智慧老人等的投射，或具有其他原型的意向性象征。

绘画中出现的人物也可以从主观和客观两个方面进行分析。在客观层面上，人物象征着现实中的某种关系；在主观层面上，人物是一种内在的原型。

在下表中，根据绘图者所展示的人物分类，对一些符号的意义进行了总结。

抽象画和非限定画中的人物符号参考表

角色分类	字符符号
宗教人士	内心的智慧老人；精神或宗教
恶魔	一种内在的阴影；某种现实的困难
异性	内心的阿尼玛或阿尼姆斯；对异性的关注，与该异性的关系；性别认同异常
老年人	内心的智慧老人；成熟、睿智、理性；衰弱的人
儿童	内心的幼稚；对自由的渴望；真实的、不加掩饰的情绪感受
父亲	权威和严格，阳刚之气，力量的源泉；负责任，保护者；有洞察力；安静地关心人
母亲	生命的源泉，滋养；怜悯、宽恕
运动员	活力、力量；良好的运动、健康
战士	保护性的、防御性的、进攻性的、愤怒的、破坏性的
演员	在与他人的互动中，对自己的个性有一定的掩饰

角色分类	字符符号
其他	对自己个性的某个方面感到不熟悉；对与之交流的人感到不熟悉
机器人、超级人类	对自己潜力的估计；全副武装，自我保护；超自然的力量

二、动物符号分析

从某种意义上来说，动物伴随着整个人类文明的发展。考察作品中的动物形象的象征意义，也可以触及测试者集体无意识中的心理状态。作品中出现的动物的原型象征意义既可能是测试者自身特质的物化，也可能是引发某种情绪的真实事物或关系。动物的象征意义往往与文化有关，不同文化中的个体对动物的感受和评价往往存在很大的差异，不同的文化有对各自文化的图腾的崇拜，此外还有许多文化中对动物的想象创造。下表总结了动物的可能象征意义。

动物符号参考表

动物分类	动物符号
鼠类	多疑、警觉、足智多谋；精力充沛
牛	奉献；安全感，脚踏实地；固执；愚蠢、粗俗；财富

动物分类	动物符号
老虎	能量、活力；勇敢、威严、力量；失足者；外向活泼，精力充沛；巨大的危险
兔子	软弱；美丽、希望、纯洁
蜻蜓点水	强大的、高尚的、可敬的、幸运的、成功的
蛇	阴险、狡猾；令人毛骨悚然、恐惧；诱惑；嫉妒、纠缠；深刻、直觉；智慧；有时象征着女性的负面意图
绵羊	温顺、善良、柔软；诚实、愚笨、糊涂
猴子	聪明、进化、有能力；不容易驯服、多动、调皮；邪恶、贪婪、盲目崇拜
鸡	守信守时；勇敢好斗；家庭气息，繁衍，财富
犬类	忠诚、保护；可爱；警惕、勇气；道德，自我克制；没有尊严，没有自我
猪	愚笨、懒惰、贪吃、好色、肮脏；可爱、慷慨、忠诚、诚实、宽容
狮子	权力，攻击；消灭对手，保护弱者，领袖，父亲，既威严又慈爱
豹	勇气、战斗力、攻击力；行动；虚伪、狡猾
熊	原始的力量，强大的；阳刚的、雄性的；笨拙的、孤独的
大象	聪明、体贴、慷慨，动物中的智慧老人
狼	恐惧、攻击性、破坏性；邪恶、危险
鹿	纯洁、温柔、灵性、善良；光明、创造力；富足和幸福；软弱；有时是女性的象征

动物分类	动物符号
猫咪	神秘、野性；温柔；高尚、迷人、可爱；邪恶、阴险、贪婪；有时是女人的象征
鱼类	智慧、财富、自由；鲨鱼的出现可能象征着恐惧和危险
海龟	健康长寿；稳定和幸福
鸟类	自由、自然；灵性
凤凰	吉祥的、高贵的；自信的、强大的、独立的、凶猛的；永恒的
仙鹤	长寿、圣洁、优雅
鹰	聪明；警觉，足智多谋；有力；有进取心
猫头鹰	危险的、警告的；明智的、深刻的
乌鸦	死亡、困难、危险；智慧、正直
喜鹊	吉祥的、快乐的
鸽子	和平、慈善、仁慈；沟通
燕子	情感，渴望
孔雀	骄傲的、有尊严的、美丽的、高尚的
昆虫	自然、生命、弱点；恐怖、污秽
蝴蝶	美、爱、蜕变和心理转变

三、植物符号分析

在某种意义上，可以说树木的生长状态是学生生命力和成长史的某种投射。1949年瑞士心理学家库科首次开发了树型人格投射测试，对5至16岁的儿童和青少年进行标准化测试，以图画中特定特征的频率作为观察指标，研究跨年龄的发展特征，并研究与智力和精神疾病有关的问题。

与人像测试相比，树的描绘更容易反映出学生更深层次、更基本的个性和心理特征，并具有一定的稳定性。在参加"房—树—人"测试时，随着心理治疗和咨询的进展，对人的描绘往往有明显的变化，但对树的描绘却很少有变化。只有当治疗非常深入时，树的画才会有最小的变化。这表明人物画更多地触及表面的人格，而树的画则更多地触及深层的人格和成长的历程。

此外，与人的形象相比，树的形象与学生自己的形象相距更远。由于心理防御机制，人们更倾向于将负面状态投射到对树的描绘上，因为它们更加隐蔽。这样，更多的时候，绘画测试揭示了更多关于人的个性面具，个人更有可能对树木的描绘投下阴影。

在绘画的心理分析过程中，总结了普通树木的生长及其象征意义。

树木特征的符号参考表

元素	表达方式	象征性意义
地点	向左倾斜	受过去经验和女性长辈的影响；有被动的一面；有感性、审美能力
	中心化	对自我能量的真正期望，有平衡理性和感性的倾向
	向右倾斜	注重理性的批判能力，受男性长辈的影响；有积极的一面
	将纸张旋转90度来绘制	对目前的环境不满意，希望环境符合他们的需要，自我利益，缺乏可塑性，有逃避现实的倾向
树木大小	尺寸过大	自我的过度膨胀
	中等水平	充足的能量
	太小	自卑、低自尊、无力感；内向型
整体形象	只有树桩	遭受过严重的心理挫折，强烈压抑自己；过度悲伤，不愿意与外界交流；紧张和焦虑；有抵抗力，得到良好的自我调整，重新开始
	枯树	心理能量不足，可能有心理或精神疾病
	简化树型	实事求是，追求事物的实用价值；有时很功利，但缺乏乐趣和想象力；在生活和学习的各个方面都很有条理
	树干、树枝单线	性格软弱；情绪低落和抑郁；对外部环境的适应问题
天幕、树枝和树叶	大型树冠	自信；热情；强烈的成就动机；虚荣心，有时过于自信 小小的树干，超大的树冠，象征着能力不足，却又太过自负

元素	表达方式	象征性意义
天幕、树枝和树叶	小型天幕	缺乏自信,有时对自己的实力评估不足;平静
	树冠被纸上的边缘切断了	富有想象力,容易沉浸在幻想中
	尖端的天幕	咄咄逼人,烦躁不安
	有花的天幕	有修饰意识,喜欢炫耀;自信,有时自恋,过度评价自己的能力
	树冠轮廓锯齿状	焦虑、易怒;容易受外界干扰;没有安全感,不容易对外界产生信任感
	果实累累	有目标和对成就的期望。水果的数量和大小象征着目标的数量和大小
	树枝下垂	抑郁倾向;经常沉湎于过去;压抑、迟钝;懒惰、顺从;退缩、意志薄弱;以美为导向,情感世界丰富
	横向分支	倾向于保护、帮助他人;自我发展受到外界压力的阻碍
	分支向上	追求成长和进步,对生活充满希望;重视感情,追求丰富的精神世界;不轻易控制自己的情绪
	有破损的树枝	个人在某一领域有强烈的无助感;在成长过程中在某一领域受到过创伤
	精致的枝叶描绘	强迫性或完美主义倾向
	树枝比树干更粗大	内心相对缺乏自信,过度追求外界的认可

元素	表达方式	象征性意义
天幕、树枝和树叶	大叶树	容易相处，容易产生依赖感，不愿意独立
	针叶树	不容易相处，相对独立
	茂密的树叶	充足的精神能量和活力
	很少的叶子	精神能量和活力不足
	没有树叶	精神能量和活力的枯竭感
树干	粗大的树干	精神能量充足，生命力强，行动积极，精力充沛
	精美的树干	心理能量不足，成长过程中缺乏关怀和支持，自尊心不强
	树干上的疤痕	成长时期的心理创伤 躯干的长度代表年龄，从下到上代表成长过程，疤痕的位置象征着创伤的年龄（例如，如果学生是20岁，在躯干中间有一个疤痕，这象征着他在10岁左右时受到的创伤）
	间歇性的树干轮廓	焦虑和紧张，冲动和急躁
树根和地平线	没有地平线	容易受到外界影响，不敢坚持自己的想法；没有人依靠，没有安全感；不够专注，不注意细节
	地平线在树的根部以上	缺乏自信，被动；对未来充满希望，富有想象力
	地平线与树的根部相连	缺乏自我意识，消极被动；随波逐流的态度

元素	表达方式	象征性意义
树根和地平线	不规则地平线	环境动荡和变化，缺乏安全感
	纸张的底部边缘作为地平线	不安全感，试图从外部寻找依靠
	枯萎的树根	缺少滋养的来源；在生命的早期阶段没有得到足够的关注和爱
	树的根部很大，而且有生命力	寻求安全和稳定；注重提高自我效能，不断从内部或外部吸收养分和能量

树木一般象征着学生的生长状态和生命历程。其他植物，如花和草，也有一定程度的原型象征意义。花卉以其美丽的外表和沁人心脾的香味，是美的象征；花卉也丰富了生活环境，是生活态度和期望的象征；同时，花卉和其他植物在文化层面也有一些原型象征意义。下表总结了常见花卉和植物的象征意义。

花卉符号参考表

花卉和植物分类	花卉符号
牡丹	财富、荣耀、繁荣、尊严
菊花	秋天、宁静、收获、不屈、低调

花卉和植物分类	花卉符号
莲花	神圣、起源、纯洁、高贵
蔷薇	爱情、浪漫、美丽、激情
竹子	韧性、不屈不挠、气质、理想
向阳花	活力、阳光、追求光明和成就
兰花	优雅、坚毅、内敛、有道德
梅花	勇气、自豪感、复原力；恶劣的环境
草地	活力、希望、更新；焦虑、愤怒

四、建筑符号的分析

画屋人格投射测试是由美国心理学家巴克在1948年开发的，旨在探索个人与家庭成员之间的自由关联，以及个人与外部环境互动的心理状态。通常出现在"房—树—人"测试、房屋绘画测试和景观构成法治疗材料中。通常，房子象征着学生的家庭状况和家庭关系，它包括学生对家庭的看法，与家庭成员的关系，安全感，以及与环境的关系。

房屋符号参考表

元素	表达方式	象征性意义
地点	纸张的左面	家庭成员在过去对自己有较大的影响
	纸张的右面	更加注重未来与家庭的互动

元素	表达方式	象征性意义
观点	顶视图	对家庭及其所持价值观的抵制和拒绝
	立面图	觉得自己在家里没有价值感和幸福感，在家里不受尊重
尺寸	总体尺寸	房子越大，安全的象征就越大
形象	简化房屋	注重实用性，有功利主义倾向；缺乏想象力
	建筑物	高智商和高想象力
	寺庙	专注于精神追求和内心平静；有脱离世界的想法
	城堡	更强的心理防卫；内部封闭和隔离；寻求保护
	奇特的形状设计	专注于创造力和创新
房顶	房顶是巨大的	富有想象力；容易沉浸在幻想中，与外界隔绝
	有尖角的房顶	坚持自己的想法和个性，有强烈的自我意志；对他人有敌意；有与家庭成员相处的压力
	黑色房顶	高压力；有抑郁症的倾向
	房顶轮廓用厚重的线条	压制和控制情绪；有焦虑的倾向
	房顶轮廓线断断续续	敏感和紧张；脾气暴躁；冲动，注意力不集中

元素	表达方式	象征性意义
房顶	网状结构的房顶	内心有压力，对环境敏感，寻求安全感
	过于详细描绘房顶	有负罪感；试图控制自己的想象力
	房顶上画的窗户	对自己要求严格，有完美主义倾向；有强迫性倾向
	房顶上的烟囱	更强的意志和行动
墙壁	坚固的	稳定的家庭关系；强烈的自我意识，能够坚持自己的观点和行为
	厚实的壁面轮廓线	压抑和控制自我情绪；有焦虑的倾向
	墙体轮廓线用尺子画得很整齐	注重规则、稳定；有完美主义倾向
	透明的墙	强调自由和创新；不注重自我设限；也可能有智力发展的延迟
	墙的左边有一个阴影	富有想象力；情绪压抑；内向；缺乏行动力；过去有创伤
	墙的右边有一个阴影	对未来生活的关注；对未来生活状态的担忧和焦虑
门	没有门	拒绝与他人交流和接触，孤独和寂寞
	较大的门	注重与外界的交流，性格外向；依赖外部世界
	较小的门	性格内向，不愿意与他人深入交流

元素	表达方式	象征性意义
门	侧壁上的门	倾向于逃离家庭
	门在墙的左边	关注过去的影响
	门在墙的右边	专注于想象未来
	门是开着的	自信、独立和安全；有创造力；愿意与他人交流和互动
	带门锁	追求掌握，积极
	带门把手	重视安全问题
窗户	没有窗户	有心理退缩的倾向，不愿意面对事实或问题；认为环境或他人对自己构成威胁；孤立和隐居
	窗户上的锁	对环境或他人的恐惧和敌意
	窗口打开	对外部世界和环境的接受程度更高
	完全关闭窗帘	对人际交往的回避和抗拒
	窗帘部分打开	在人际交往中矜持，表现出老练；追求美感
	嘴形窗户	直截了当；思想开放；愿意与他人交流
	栅栏般的窗户	缺乏安全感和过度保护；在家里经常受到许多限制
	具有不同形状的多个窗口	理想自我和现实自我之间的不一致
	有许多窗口	渴望与外部环境和他人沟通

元素	表达方式	象征性意义
通往房屋的道路	自然和适当	在人际交往中显得自然和适当，更合适
	道路的弯曲和曲折	不熟悉的人看起来很冷漠，很谨慎；一旦建立了友谊，就会很深很久

　　除了房屋，其他类型的建筑也可能出现在测试者的具象、抽象或无定性的绘画中。这些建筑都有其观察性或功能性的原型的象征意义。下表总结了绘画心理分析中一些常见建筑物的象征意义。

其他建筑符号参考表

建筑物分类	建筑符号
栅栏	人际关系中的自我界限；自我保护的倾向
桥梁	沟通和联系；完成目标的方法；期待转变
商店、旅店、餐馆	暂时的帮助和补充；人际关系中表面的、以利益为导向的部分
医院	灾难或恐惧中的安全感；对环境的不安全感
图书馆	精神上的滋养；期待自我提升
寺庙、教堂	智慧、宽容、慈悲；精神家园、精神支持和保护

五、景观符号分析

　　在抽象画或不受限制的绘画中，许多测试者也会自发地在画面上表现自然景观。他们中的一些人还在具象绘画测试中画出太阳、月亮和河流等景观。常见的自然景观及其象征意义如下。

景观符号参考表

景观分类	景观符号
太阳	温暖、热情；权威、规则 夕阳可能象征着负面情绪，如抑郁症
月亮	情绪低落，有抑郁倾向；女性，性格温和
星	身体或情感的匮乏；希望；智慧
云	焦虑和紧张；存在的困难 乌云象征着情绪的低沉压抑
下雨了	情绪低落
雪	情绪低落，有抑郁的倾向；环境恶劣
森林	未知领域；本能地冲动
山地	目标，野心；保护，安全
河流	活力，与外部世界的沟通；营养，能量的流动

六、抽象的图形符号

在抽象画中，最常见的表现部分是随意画出的各种潦草的线条或图形。有些图形是以实物为原型创作的，如花、树、动物等形象。这时，可以参照上面提到的关于每一类事物的符号参考表来分析其静态意义。但更多时候，抽象画包含的形状没有明显的物理原型，如圆形、方形、三角形等。

形状和实物一样，在人类进化、文化和宗教发展的漫长岁月里，也在人类集体无意识的原型层面上形成了象征意义。

与具象图形相比，抽象图形不太容易被意识感知和识别。因此，在某种程度上，抽象图形比具象图形更能反映真实而稳定的心理特征和状态。我们根据学生绘画中的几种常见抽象图形，列举了它们的象征意义。

抽象图形符号参考表

抽象图形	象征性意义
方形	规律、稳定、平静和坚实
三角形	敏锐、有洞察力、积极进取、稳定
圆形	包容、柔和、完整、圆润、综合
心形	爱，美丽，激情
五角星	信仰、圣洁、荣誉、目的
不规则形状	扭曲、压抑、混乱、反叛、创新、突破

第五节　通过绘画的笔触
对学生心理进行分析

和写字的笔迹一样，绘画中的笔触指的是绘画中的笔法形式。在一幅画中，笔触的轻重和力度、规则的顺序、线条的形式等信息都属于笔触的范畴，绘画的心理分析也会研究这些信息。

在创造绘画心理分析的过程中，相对于绘画的色彩和构图而言笔触是个人最难有意识地控制的元素。例如，色彩、构图和内容或多或少可以在意识层面上得到控制和选择，而且相对容易受到专业训练的影响。然而，笔触反映了更深层次的潜意识信息。虽然个人可以有意识地选择颜色并遵循专门的绘画技巧来安排构图和内容，但他们很难在意识层面上主动控制和调整笔触。

因此，绘画中的笔触和笔迹在深层次上是一样的，都反映了个人的心理状态和心理特征，而笔触与色彩、构图、内容相比，往往能反映更深层次的状态或特征。在分析美术学院学生的绘画作品时，有些作品并不是在咨询室完成的，而是学生在平时的美术课作业或自己的爱好驱使下完成的，在色彩、内容、构图等方面往往受到一个或几个条件的限制。

笔触分析通常从笔触的规则顺序、力度和轻重来进行。

笔触的规则秩序象征着对规则的重视程度以及对安全感的关注和渴望程度。如果一幅画的线条是有秩序的，就象征着对规则的重视和渴望，象征着绘图者冷静和克制的个性，对社会生活中既定规则的更大依赖，能够以有序的方式处理生活的各个方面，并控制自己以适应社会规则和秩序的通常倾向。在极端情况下，过分追求笔画的规则秩序，代表着强迫性和完美性的倾向。如在"房—树—人"测试中，要求在具象画中，用直尺画出房子的线条，在抽象画中，用圆圈画出一个圆。因此有序的笔触，一般表明绘画者是一个自信的人，有着沉稳内敛的个性，尊重社会规则，生活井井有条。但当笔触过于有序时，象征着完美主义或强迫性的倾向。

相反，无序的笔触，一般表明绘画者有着很强的个性，喜欢特立独行，打破陈规，不遵守社会规范。这类学生一般向往自由，尊重本能，有时受本能操纵，有放纵的倾向。当笔触过于混乱时，它象征着对社会规则的漠视，或者愤怒的发泄，可能存在病态的心理现状。

力量象征着一个人的自信心和行动力。在笔触分析中，强烈的笔触往往代表绘图者较高的自信心和行动力，以及较高的心理能量，而过分强烈的笔画则代表攻击性和情绪不稳定，在某些情况下还代表精神疾病。相反，较轻的笔触表示内心放松，有轻松感，愿意向生活环境妥协，或者有时有依赖和情绪化的倾向，不能很好地适应环境。除了心理信息外，笔画强度有时还能投射出一个人的身体状况；身体健康强壮的人往往笔画强度较重，而身体虚弱的人往往笔画强度相对较轻。

在心理咨询室进行的绘画心理分析中，使用的材料主要是油画棒，油画棒的笔触形式大多表现为线条。彼得和梅里菲尔德曾经做过一个实验，他们要求成年人根据一些形容词画出他们认为最适合的东西线条。结果发现：愉快的、幸福的、快乐的被画成了向上的线条；悲伤的、死亡的、不快乐的多是向下的线条；激烈的、激动的、疯狂的多是之字形的、断裂的或不规则的线条。另外，在工作实践中发现，当个体情绪稳定、注意力集中时，此刻大脑的控制力较强，手更容易画出较长的、有规则形状的线条；当个体焦虑、紧张时，四肢末端的神经控制力受到影响，画长线更费力、不耐烦，此刻个体会不自觉地选择使用短线而不是长线。

值得注意的是，绘画笔触中的线条形式有时会与绘画的内容结合起来分析。特别是在抽象画中，画面的内容包括抽象的形状和线条等。这时，线条既是笔触的反映，也是绘画的具体内容，在绘画的心理分析中，具体内容之间没有明确的界限。

线条符号参考表

线条形式	符号意象
长线	能较好地控制自己的行为；但有时会压抑自己，可能比较内向
间歇性短线	焦虑、不安、紧张；冲动
水平线	无力感、恐惧；自我保护倾向；女性气质
垂直线	自信和果断
上行线	愉快、快乐、幸福
下行线	悲伤的、不愉快的
曲线	温和；期望摆脱常规的影响
线条过于僵硬	自信、固执、武断；具有攻击性
不断改变笔画的方向	缺少安全感

线条形式	符号意象
不规则的线条	烦躁不安、焦虑
锯齿线	敌对倾向、攻击性
反复的笔触叠加在一起	情绪紧张、焦虑

第六节 通过书法笔迹对学生进行心理分析

在美术教育中，书法教学占据着举足轻重的地位。笔迹，作为人类情感与思想的传达媒介，亦是人类信息的承载者，它映射出大脑潜意识的自然律动。在不同心境的影响下，手写体会呈现出多样化的形态。然而，值得注意的是，诸如运笔方式、习惯性动作、字体结构等核心特征，在长时间内会保持相对稳定。唯有近期的笔迹，方能更精准地反映出个体近期的思想动态、情感体验、情绪波动以及心理特质等细微变化。

分析笔迹的方法很多，通过笔迹观察人的内心世界，可以从笔压、字体大小、字体形状三个方面来研究分析这个问题，主要有以下五点。

1. 笔迹的特点是字体大，笔压弱，字形弯曲，不受格线限制，有个人风格，容易变成草书；有向右上的倾向，有时也向右下，字体略显潦草。

这类人和蔼可亲，容易相处，擅长社交活动，体贴入微，感情丰富，性情上有强烈的两极化倾向。此外，他们待人热情，兴趣广泛，思想开放，工作作风大胆，但更多的是缺乏纪律性，缺乏耐心，不够优秀等缺点。

2. 笔迹的特点是字形方正，一笔一画，笔力强，笔画清晰，字迹独立，字的大小和间距不整齐，有自己的风格，但字迹不潦草。字的大小不一，但一般说来，它们显得比较小。

这些人不善于交际，属于理智型。他们很严肃，热情略低；他们对有关自己的事情很敏感和害羞，对别人的关心较少，反应较慢；他们在气质上有精神分裂的倾向。

一般来说，他们有较强的逻辑思维能力，性格稳重，思维缜密，做事认真谨慎，责任心强，但往往循规蹈矩。书写结构松散的人，有较强的想象力和思维广度，他们热情大方，性格直爽，心胸宽广，不斤斤计较，能容忍别人的过失，但往往不拘小节。

3. 笔迹的特点是方方正正，一笔一画，但与上述类型不同的是，为常规的平实型，没有自己的风格，独立笔迹整齐，字形一致，笔压很强。

这种类型的人凡事都很谨慎，做事有分寸，中规中矩，但行动有些迟缓；他们意志坚强，热衷于事务；说话唠叨，不懂幽默，不懂风趣，有时会激动，行动激烈；他们有癫痫倾向。

他们比较有活力，有主见，个性强，做事果断，有毅力，有开拓创新精神，但主观性强，固执。笔压轻的人缺乏自信，意志薄弱，依赖性强，遇到困难容易退缩；笔压重的人想象力思维能力较强，但情绪不稳定。

4. 笔迹的特点是方正、略小、风格独特，尤其是缩水字或平水字。笔迹多独立，无草书，笔力强；字的角度不固定，但字体不潦草。

这类人气量小，缺乏自信，凡事不果断，对他人的言语和态度极为关注。简而言之，他们是神经质的人。

他们也有把握和控制事务全局的能力，能协调安排；他们善良谦虚，能注意倾听别人的意见，欣赏别人的长处；右侧空白大的人，凭直觉行事，不喜欢讲道理，个性固执，容易走极端。

5. 笔迹特点为每次书写字体大小和空间大小略带圆润和弧度，有时为直线形状，有时为自己的风格形状，有时为整齐规则；大小、形状、角度、笔压都不固定，潦草为其鲜明特点。

这类人虚荣心强，重视外表，常想以自己的话题为中心，所以话多；不能理解对方的立场，缺乏同情心和合作精神；由于以自我为中心，容易被煽动，容易受影响。

此外，这类人很现实，心态消极，由于过多地看到问题的阴暗面和消极面，容易产生悲观失望情绪。性格线忽高忽低，情绪不稳定，常因生活中的开心事或烦恼事而兴奋或难过，心理控制能力差。

第七节　因家长过度保护控制引发学生现实焦虑

案例：画面呈现：学生外向单纯，有受家长过度保护和控制的体验，有现实事件的压力，存在焦虑，发现后及时与学生和家长沟通完全解决。

案例背景：学期初的一堂美术课，在课前还是让学生用"房—树—人"绘画表达近一周的情绪感受，要求学生自由表现，并且鼓励其说出影响自己情绪的事件和感受，时间5

分钟左右。

学生李洁（化名），画面中蜡笔小新绳牵小狗，明黄的窗户和墙壁涂满规则的线条，房顶有一朵云。画面显示学生外向单纯，自我意识强，自信夸大，渴望被认可尤其是在家庭中，可能有受家长过度保护和控制的体验，有现实事件的压力，存在焦虑需要处理。

与班主任交流，学生李洁最近两周时间，上课注意力不集中，自习经常与同学说话，教师批评时顶嘴，有时逃课，多次以回家看病为由请假；同学反映都很反感李洁在班里说话的语气和表现，为此发生过争吵，表现得很反常。

与学生李洁交流，学生描述：自己外表看似非常的强大但内心却很自卑，尤其是被安排到现在的班压力很大，感觉同学学习都很好都在努力学习，同学们瞧不起自己，班里的活动很少，自己在班里就是一个空气人；父母对自己的生活和学习要求很严，但从来不征求自己的意见，不理会自己的感受，为此，没少与父母吵架；最近，想换班而且学习美术，父母坚决不同意，说话也很难听，感觉学习生活也没啥意思。

干预措施：分析学生的优势鼓励学生，例如：个人的自我意识强和自信心强，展现自己不在一时一事；个人成长经历中父母给予的温暖和支持，尝试理解父母；规划未来的学习，分析学习美术的前景和困难，重新认识和定位自己；通过与家长交流，让家长了解孩子的真实感受和现状，给予孩子尊重、理解和支持。

干预效果：家长理解支持决定让孩子试一试，学生在专业学习和文化课学习上表现得勤奋刻苦，与父母、老师和同学的关系逐渐好转，现正在全力准备2023年艺考。

案例感悟：绘画活动是认知、情感、意志、行为展现的过程，美术课堂上通过鉴赏和绘画为学生学会交流沟通提供了一个媒介，依托于绘画作品，学生能够很好地将感受聚焦于当下，能够帮助学生解决现实中的困惑。

第八节　因家庭状况引发学生自卑人际关系紧张

案例：画面呈现：学生对家庭温暖的强烈渴望，呈现出守护、防卫、戒备、紧张的状态，了解得知现实生活中是单亲家庭，加强对学生的关心帮助。

学生吴晓红（化名），画面中红色的大房子，黑色的门窗，让人感觉到作画者的恐惧和强烈的愤怒情绪（大家可以联想蒙克的《呐喊》作品的感受），房子周围的栅栏像高度警觉的士兵，表现出作画者有很强烈的防御心理，对家庭温暖有强烈渴望，渴望被人理解。

课下与学生交流，从小父母离异，有了各自的家庭后不管自己，姑姑抚养长大，姑姑身体不好，自己的学习生活基本是政府和社会爱心人士救助，很自卑，敏感，美术课前一天，得知父亲去世的消息，想该不该参加父亲的葬礼，自己一点也不悲伤，为此感到很无情，恐慌焦虑。

与班主任交流，学生朴素，极为内向要强，平常学习非常刻苦但成绩一般，敏感多疑易激动，人际关系紧张。

干预措施：理解学生的处境和心情，让其尽情地倾诉、宣泄，鼓励支持学生参加父亲的葬礼；帮助学生正视外界对自己的帮助，体验另外一种爱的温暖；与班主任交流反馈学生的现实遭遇，争取学习和生活中得到教师和同学的关注，帮助树立自信。

干预效果：逐渐地关注当下，对父母的怨恨减轻，对他人帮助不再认为是对自己的怜悯，逐渐接受；表示会主动与其他同学交流，即使做不到也会通过力所能及的事情感谢教师和同学的帮助。

案例感悟：学生家庭不幸，往往内向不善于表达，长期处于压抑状态，自卑和偏执，不被人理解，人际关系紧张，孤独被人遗弃的感觉强烈，很容易丧失对学习和生活的兴趣，出现极端行为。绘画给学生提供了宣泄的方式和机会，教师们能够依据作品及时地觉察学生情绪变化并给予帮助。

第九节　心理团体疗愈，缓解考试前的焦虑

案例：期中考试前组织了《碰触经典》的色彩临摹课，体验色彩带给学生的情绪体验，在自由的涂鸦中放松心情，体验快乐，通过指导，学生普遍增强自信和拥有了享受过程的心态，缓解了考试前的焦虑。

案例：绘画课对考试引发的焦虑的干预作用

案例背景：期中考试前的一节美术课，本来是一节《印象主义和后印象主义》的鉴赏课，美术科代表提前来办公室找我说班里很多学生想看电影，原因是马上期中考试大家都

很紧张、焦虑，想放松一下。了解情况后，我设计了一堂《碰触经典》的临摹课，引导学生不要关注结果是否画得好，体验色彩、线条带给大家的情绪感受，在自由的涂鸦中放松心情，体验过程快乐，结合绘画感受引导学生正确对待考试，不过多关注结果，缓解了考试前的焦虑。

后期的课，不断地尝试让学生进行绘画自由表达，可以口头表达感受也可以在画的反面写自己的感受，我需要做的就是真诚、尊重、倾听、积极关注与学生共情，及时给予学生帮助支持，学生逐渐地变成觉察真实感受，面对当下，疗愈自我，悦纳自己，热爱生活，乐享其中，几堂课下来，学生体会到绘画带给自己的自然、轻松、乐观、积极的力量支持和全新感受。

第七章
学生在绘画中的心理
表现

第一节　学生绘画中的个性特征

关于艺术心理学方面的文章，我们经常看到的手段是"房—树—人"测试，绘画在反映人格特征方面有独特的作用。几乎一幅画的每个部分都可能涉及绘画者的个性特征。例如，当画面过大时，意味着个人的自信和傲慢；当画笔压得很重时，意味着个人充满自信，脾气比较暴躁；当画面过小，线条很轻时，意味着个人内向、自卑。画面细节刻画细致时，说明个人性格执着，注重细节，追求完美；树冠的开阔，房屋的装饰，人物器官的不同部位细节刻画细致时，说明这个人的性格外向乐观，且敏感细致，对日常生活有品质要求。

当我们想了解青少年的个性特征时，对绘画题材的选择没有特别的要求，但可以选择以下题材：画一张自画像、一棵树或者一栋房子来进行心理分析，可以根据以下学生绘画中常见的个性特征表现来做参考。

从画在画纸上的位置上看，如果画在画纸的右边，说明个人的性格是阳刚的，比较主动，崇尚权威；如果画在画纸的左边，说明个人的性格是阴柔的，比较被动。

从线条的特征分析，直线反映出个人很固执，与人相处的可塑性差；长线表示个人有很强的自制力；短线表示个人容易冲动和兴奋。如果出现反复擦拭，反映出个人可能优柔寡断，或者要求过高、追求完美的性格。

如果画面是一所房子，单壁的房子表示个人头脑简单，性格内向；正直的方形房子表示个人固执、刻板；宫殿的房子表示个人追求权力和财富；庙宇的房子表示个人追求精神上的满足。当窗户是星形或圆形时，表示个人比较温和，有女性的气质。如果画面中的道路较长时，表示个人谨慎，先冷后热。

如果画面是一棵树，当树冠的形状为四角形时，表示个人的个性可能非常保守和固执；当树冠的形状为三角形时，表示个人的个性比较理性、自信和有野心。树干粗大，表示个人活跃、有活力；树干细小，是缺乏自信、自卑的表现；树干呈杆状，表示个人坚硬、包容力差；树干弯曲，表示个人任性、以自我为中心。

从人像角度分析，当画像过大时，表示个人非常自信，自尊心强，有一定的自我推销意识；当画像过小时，是不自信和自卑的表现；人像的头发被精心描绘时，说明个人比较追求完美，甚至有些自我陶醉；但当女性画短发时，说明个人有干脆利落的做事风格，不太在乎是否有女人味。人像的耳朵较大时，个人可能比较敏感多疑，善于倾听，对批评敏感；耳朵小或没有耳朵时，个人比较自我，不愿意听取别人的意见。人像的嘴巴较大时，表示个人活泼开朗，能说会道；嘴巴小或没有嘴巴时，表示个人内向、消极；人像的下巴若为方形时，表示个人固执、任性、自以为是、好胜；下巴为圆形时，表示个人温和、感情丰富。人像的躯干较大时，是个人内心无力的表现；躯干小是一种自卑感；有棱有角的躯干表示性格坚强。

第二节　学生绘画中的情绪状态

绘画中能够反映出学生的情绪状态，我们主要针对的是焦虑、抑郁、忧虑等不良情绪。这些情绪又主要通过以下几个方面表现出来。比如，绘画的画面一般是整齐有序的，当画面杂乱无章，如树冠枝干、头发等比较杂乱时，表现为烦躁不安。

黑色给人以压抑，画面中出现大面积黑色或阴影，这是个人抑郁和悲观的情绪表现。当阴影出现在脸上时，可能是对社会交往的焦虑，当阴影出现在手上时，可能是焦虑的表现，因为手做了坏事。黑色的房顶往往表现出个人内心感到焦虑不安，有强烈的沉重感和负重感。而黑色的墙则是个人抑郁和悲观的情绪表现。

在绘画分析中，树木通常被视为个人本身的象征，树木的生长表示个人的成长。当一幅树画中出现一棵低矮的树、一棵死树或一棵掉了叶子的树时，它表示一种生命力低下、情绪低落或抑郁的状态。树小且在地表以下，说明个人能量低下，发展不是很好。而树在画面的底部，说明个人可能情绪低落，当两者同时出现时，是内心压抑和缺乏安全感的表现。枯树没有生命力，这是个人严重缺乏活力、没有生气的标志。它也可能表明个人的情绪异常低落，感到失落和空虚。树冠上画有阴影，这是个人情绪焦虑和心情低落的标志。当树冠关闭时，表明个人内心比较封闭，不愿意与外界交流；而当树冠没有关闭时，则是不安全的表现。树冠画成摇晃的形状，表示个人内心可能会有不安，这是不安全感的表现。

树干完全是黑色的，这是个体自身焦虑的情绪体验，也可能是与外界的关系紧张。树干上的疤痕，表明个人在成长过程中可能有过创伤性经历，但没有得到解决，为此存在焦虑。树木的叶子很稀少，表明个体的活力不足，精力不济，情绪低落。如果有树叶飘落，这是一种令人沮丧的情绪，表明个人可能处于抑郁状态。如果有掉落的果实，说明个人在成长过程中可能受到了一些伤害，感到被排斥，有些灰心丧气，果实掉落的原因是受到了伤害。被人工采摘的果实，说明是被人为因素所伤；如果是因风等外力而落，说明是被不可控的外界因素所伤。另外，树的品种有时也可以进行分析，比如柳树，一棵树向上生长，但柳树的树枝却在下垂，这是一种能量的丧失。可能表明个人情绪低落、沮丧，或对过去发生的不愉快的事情无法忘记或感到内疚。

如果画的是人物，画有阴影的人物，表示可能有焦虑和忧郁的情绪。如果脸部被涂上阴影，可能是自卑，有交流的焦虑；身体被涂上明亮的阴影，可能是对身体状况不满意；腋下、手上被涂上阴影，可能是对手淫、偷窃等行为有一些焦虑和愧疚；当人物完全是黑色时，有严重的情绪困扰。

人物的头发浓密，表示个人可能有很多烦恼，并为此感到困扰，但也可能是存在自恋的倾向。当头发的方向大多向左，这是对过去发生的事情的担心；向右是对未来的担心；如果头发大多是直立的，说明有当前情况带来的烦恼；如果头发凌乱，说明有很多各种各样的事情需要担心。画像中的双手背后，这是回避，表明个体对外界不感兴趣，不想接触，拒绝交往，也是个体丧失活动能力的表现，可能表明抑郁症压抑状态下的焦虑。

画面中出现的一些特定天象：如日落、月亮、雨、雪等，都是不良情绪的象征。当然，具体的主题画也可以反映一些特定的情绪，我们可以通过不同的需求选择不同的主题画。夕阳表示个人处于人生的低谷，有一种莫名其妙的失落感和疲惫感，情绪低落。如果阳光暗淡，是悲伤的表现。星星和月亮的背景代表孤独的心境，而云彩是焦虑和忧郁的表现。画面中出现雪花或雨：雪花给人以寒冷的感觉，表明个人可能有严重的抑郁症或自杀倾向；而落雨则像哭泣的泪水，表明情绪相对低落。

第三节　学生绘画方面的学习适应性

　　学生的学习适应能力在绘画中主要表现在学习目标和学习压力方面。水果是中学生的学习目标在画中的反映。一般来说，想法多、整天沉浸在幻想中而不付诸行动的学生，往往在画中有很多小果子；而目标和行动相对明确的学生，画中的果子少而大。除了这两个主要问题外，中学生个人的智力水平也可以从绘画中反映出来。果实的数量象征着目标的数量，而果实的大小象征着个人为目标所付出的努力。各种果实的出现表明个人有很多不同的想法，有时甚至显得有些天真。果树处于开花期意味着个人目前正处于培养期，需要更多的努力。绿色的果实表示个人已经取得了一些成就，但仍需继续努力。

　　国内有学者开始尝试用绘画来测试智商，但由于评分标准相对烦琐，这种方法没有得到推广，我们可以通过绘画测试简单地评估出绘画者的大致智力水平。

　　在画树测试中，树冠的形状往往是一个明显的意向，当中学生处于相对较高的压力下时，树冠的形状通常是一个水平的椭圆形，这表明学生可能处于高压力下，这种压力阻碍了他或她的成长。一棵大树上有无数个小树冠，表示个人可能有智力发育迟缓。树冠呈横向椭圆形时，表明个体感到外界对他/她的要求太多，他/她感到有很大的压力要继续发展。树冠的线条混乱表明个人可能会无计划地、相对盲目地学习。

还可以通过树在画纸中的位置进行分析，当树在画纸的左上方时，表示个人如果有实际才能，可能在美术或音乐方面有天赋，如果没有，则在美术方面努力不够，特别是当树的左侧被画纸边缘截断时，表示个人对艺术和神秘的事物充满向往；当树在画纸的右上方时，表示个人可能在逻辑思维、自然科学等方面更有天赋。树干笔直，表明个人比较理性，有远大的目标，可以为之付出或多或少的努力。当树干的顶端在一个点上时，意味着个人有一个明确的目标，整个生命就是为了实现这个目标。树木有粗大的根部，表明个人在学习和理解方面可能有困难。

在房屋画中，房屋的高度大于宽度（非建筑）：绘画中的非建筑房屋的宽度一般大于高度。当房子的高度大于宽度时，表明个人可能有抑制智力发展、学习困难、理解力差、行为笨拙等问题。画中有亭台楼阁，表明个人可能有追求崇高理想目标的想法。房顶一般代表个人的思想，房顶相对较小，墙壁特别大时，可能是个人精神发育不良、比较幼稚的表现。

人物画的头部，具有明显的分析特征，头部是智慧的源泉，是产生思想的地方。当头部很小时，意味着个人可能在智力和其他方面有所欠缺。肩膀是身体上承担责任和压力的部分，当画出大肩膀时，表明个人此刻可能有很大的压力，尤其是在学习方面。而当一个女孩画出宽大的肩膀时，她可能表现出竞争的个性。倾斜的肩膀表示个人不愿意承担责任和压力，想要逃避，也可能是急于学习。

此外，画面中风的要素非常关键，风象征着外部压力，当树干被风吹动时，意味着外部压力已经影响到个人，个人明显感觉到来自外部的压力。如果画面中有烟，这可能是个人感到来自外部环境如父母和社会适应的阻力太大。

第四节　学生绘画中的精神障碍

中学生绘画心理障碍的特点主要与他们的精神症状有关。当精神症状主要表现为妄想时，患者会在画上表现出一些过度恐惧和逃避的表情，如画面很小，在某个低矮的角落，房间没有画门窗等；当精神症状表现为幻觉时，患者会在画上表现出对想象的过度控制，如反复强调房顶、头部等。当精神症状表现为情绪反应不协调、认知结果有缺陷时，画上会出现一些非常规的画面，如透明的墙、透明的身体、不正常的房子和树人等；当精神症状表现为心理能力低下、人格分裂时，画上会出现一些枯树和树枝，有些房子和树人的线条会被过度强调等。

精神障碍患者所画的树的一个重要特征是，这些树被画得瘦弱、脆弱、刻板、软弱，缺乏活力和生命力。他们对整体和局部关系的认知存在缺陷，在画树时，其认知结构的完整性存在严重缺陷。一棵完整的树是由树根、树干、树枝、树杈、树叶、花或果实等部分组成的，这些部分相互协调，形成一个比较完美的整体。

精神障碍患者心中隐藏着抑郁、悲伤、痛苦、报复和对生活失去信心等情绪，这些情绪会不自觉地出现在画树的场景中。例如，有的人把树画在山上，表达悲伤和孤独；有的人把树画在狂风暴雨中，表达强烈的内心冲突和糟糕的精神状态；有的人把树画成枯树，表达缺乏生命力和对生活失去信心；有的人在树上画尖刀和利器，表达严重的攻击和报复的想法。

精神障碍患者思维紊乱、行为不受控制的特点在画树活动中可以得到明显体现。由于康复程度不同，有的患者在整个画树活动中完全无意识、无目的，行为完全失控；有的患者在画树时可能遇到困难，思维紊乱，突然思维混乱，行为暂时失控。

此外，思维障碍和表象能力的丧失：在画树的活动中，精神障碍患者表现出严重的记忆力、表象能力丧失，思维严重缺失，不能形成正确的树的概念和树的表象，个体知道自己要的是一棵树，但画出来的却不像树。

由于很大一部分患有精神障碍的中学生在日常生活中通常会表现出一些负面的症状（情感淡漠，孤独和少言寡语，情绪化，退缩等），因此我们应该更加特别关注他们。

学生的精神障碍一般通过以下几个方面来体现：

从绘画表现上看，这类学生的绘画顺序混乱。一般来说，画树的正常顺序是：树干—树冠—树根；画房子的正常顺序是：房顶—墙—门—窗；画人的正常顺序是：头—脸—躯干—手—脚。个别地方一些顺序的颠倒可能是个人想强调某些地方的结果，但当一些非常规的顺序出现时，可能代表了不同的思维方式，可能是一种精神障碍。在绘画过程中，这类学生往往会为了画得更好，把画擦掉，但画得越来越差。

在画树测试中，树如果画得很小，并在画面的底部，表明绘画者的精神状态可能极度低落，可能有被害妄想的症状，可能有精神障碍。一棵树的成长往往象征着一个人的成长，而树干有时类似于人格。强调树干表明个人认为人格即将瓦解，想利用一切资源试图维持其人格的统一。不清晰的树干线，表明不能清楚地意识到自我与外界的区别，有时表明人格接近崩溃。

在画房屋测试时，房顶有时表示一种想法或幻想，当房顶线被强调时，可能是个人想努力压制幻想，因为害怕释放幻想导致行为失控或对现实的扭曲认识，这是精神疾病早期阶段的一个标志。墙常常被表述为一种自我的力量，如果房顶直接与墙壁相连时，显示了绘画者不同的思维方式，不排除有精神分裂的倾向。过分强调墙壁的轮廓，可能反映出一个人过度警惕，并努力保持自我意识的稳定，这经常见于精神崩溃的早期阶段。如果墙壁坍塌了，则反映了自我的崩溃或分裂。当没有画窗户时，表示个人的一种退缩，同样没有门时，很可能是因为绘画者害怕，有被害妄想的表现；而涂黑的窗户，个人通常解释为害怕被外面的人看到，或者直接说认为会有人在看，其实是没有的，表示绘画者有妄想的可能。

在人物画测试中，强调头部的轮廓线，表明绘画者可能有一些强迫性的概念，或者他或她试图控制自己的幻觉。画裸体人，尤其是异性，首先要考虑绘画者是否有性方面的冲突和矛盾，或许可能有偷窥癖、露阴癖或其他精神疾病的问题。过分关注指关节的细节，这是试图控制自己的攻击性冲动，也可能是精神分裂症早期阶段的表现。

透明的事物也可以作为一种参考，比如透明的墙壁和透明的皮肤，一般情况下，个人无法用肉眼看到房子的内部和人体，但个人直接画出了房子的内部和人的内部器官，这是一种认知问题，是自我与外界界限不清的表现，说明绘画者可能有比较严重的精神分裂症。

异常的数字或某些部分：这是一种非常典型的缺乏认知结构和精神分裂倾向的表现。当画中出现异常的颈部时，可能是绘画者不能理性地控制情绪冲动，潜意识中存在矛盾和冲突，有精神分裂的倾向。

精神障碍问题是一种比较专业的疾病，心理分析只是一种判断手段，只能作为参考建议，如发现异常还需结合临床观察，由专业的精神科医生诊断。

第五节　学生绘画中的人际关系

在绘画中能够分析出学生的一些人际关系，主要是通过中学生自身的人际交往特点，即主动和被动的人际交往来表现的。它主要通过以下几个方面来表现。

在房屋画中，门和窗是个人与外界沟通的渠道，其大小直接反映了个人在人际交往中的态度；而门道则表明个人的交往方式和所持的态度。大门表示积极与外界接触；小门表示个体可能有害羞而胆小的心态，从人际关系中退缩，不愿意与他人交流；高门槛表示个体只愿意用自己的方式与外界交流，有时难以达到。没有门，表明个体可能对外界有强烈的防御心理，不愿意与他人交流；门上有锁或有窥视孔，表明有强烈的防御心理，代表与外界交流的谨慎。从房屋的窗户分析，大窗户表示个人愿意以开放的心态与外界交流；窄窗户表示不愿意让人进入自己内心；有窗帘的表示个人在人际交往方面比较老练，对与他人交流有保留。

房屋主体线条是波浪形的，表明个人在生活中很活跃，容易与人交往，适应能力强。屋前的路反映了个体与外界互动的方式，也关系到在互动过程中的选择。长而曲折的道路表明个体在人际交往中比较谨慎，通常是先冷后热；道路不能接近房屋的一端，表明个体对人际交往犹豫不决，扫兴而归；道路远离房屋的一端宽，靠近房屋的一端窄，表明个体在交往中显得很友好，但实际上内心往往很冷漠；门前的高台阶表明个体以自己的方式与他人交往。如果图中有亭子，亭子给人一种透明和开放的感觉，象征着自我的开放和交流的愿望。在房子周围画上栅栏，这是一种自我防卫，表明个人比较内向，不希望受到外界的干扰，或者不适应环境。

通过画树进行分析，树冠的形式与个人当前持有的人际关系态度直接相关。封闭的树冠表示个体相对封闭，不愿意与外界交流，而开放的树冠则表示个体的可塑性较强，愿意与外界交流。球形的冠层表明个体比较随和，善于交际。树的枝叶往往是交际的表现，当树枝横向生长时，说明愿意帮助别人，主动与别人交往；当树枝翻转时，说明说话比较尖锐，人际关系相对紧张。如果叶子是椭圆形的，表示个人容易沟通，容易相处；如果叶子是针形的，表示个人可能会讽刺别人，难以相处；如果叶子是手掌形的，表示个人温和、热情，容易相处。当树干是弯曲的，表明个人能够轻松地处理人际关系；对树皮的描绘是圆滑的曲线，表明愿意与他人交往，适应能力强。树旁的栅栏：栅栏的存在通常是一种自我保护，表明个人的警惕性较高，自卫心理较强，不希望别人接近。

肖像的某些特征，如眼睛大小、面部特征和手的位置，可以显示出中学生的人际关系特征。人的形象是背影，表明个人不愿意与外界交流，可能有一种防御心理，不希望别人了解自己，或者害怕面对真实的自己。肖像强调了面部轮廓线：面部是个人与外界交流的第一道门槛，当面部轮廓线被强调时，意味着个人更关注面子，关注别人对自己的看法。肖像中的脸部模糊或省略面部特征：面部模糊或省略面部特征，反映出个人可能有社交恐惧症，或表明个人比较敏感，对人有戒心，避免人际交往。眼睛：眼睛是心灵的窗户，大眼睛表示个人比较外向，在人际交往中比较活跃；小眼睛或不画眼睛表示个人比较内向，在人际交往中比较被动。没有嘴的肖像：嘴的功能不仅是为了满足吃的欲望，也是为了说话，当嘴没有画出来时，意味着个人不想与他人交流。一个人把手放在背后的画像：当人们相互交往时，通常用握手来表示交际能力，当手背在身后时，表示个人在回避人际关系。对人物衣服的精心描绘：它表明个人非常关注自我形象和社会化。

第六节　学生的绘画行为障碍

中学生的行为障碍在图画创作中有一些典型表现，其中主要包括攻击性行为的展现和对金钱、物质的过度向往。在画作中，中学生的攻击性行为常通过尖锐元素的呈现得以体现，例如，三角形的冠冕、锐利的树枝或手指等。此外，画面尺寸过大、笔触过重或人物画像比例失衡，亦可能暗示着较强的攻击性倾向。人物雕像中紧握的拳头和显露的牙齿同样是一种攻击性的视觉表达。另一方面，对金钱和物质的过度追求则通过树冠上装饰的硬币或明显强调衣物及周围物品的品牌标志来体现。

当我们想了解中学生的行为障碍时，可以从一些具体画面的细节进行分析：画笔的线条是间断的，表示个人没有耐心，容易报复，有一定的攻击倾向。

如果画的是树，树冠是三角形的，表明个人有一个相对明确的目标，并能为之努力，但也意味着个人可能有雄心壮志，比较争强好胜。如果树的根部是尖的，根部原本与本能有关，但当根部变尖时，表明可能有一些施虐的倾向。如果画的房子的墙壁有装饰，这意味着个人可能有强烈的脾气，善于批评和抱怨，语言也很讽刺，善于讥讽和挖苦。

人像在大幅度运动，表示个人非常活跃，可能有狂躁的倾向。人物的四肢上画有阴影，画在肩膀上的阴影表明个人可能有攻击性倾向，或对手淫或偷窃有一些内疚；而当腿上有阴影时，这是个人有行动障碍的标志。人物的一只手握着拳头，表明这个人可能有一些攻击性倾向。人物的一只手在背后，表明个人可能具有潜在的攻击性，具有被动攻击的个性，或者可能处于某种内疚的状态。

人物的脖子短粗，表明个人可能是粗暴、固执和冲动的。嘴巴露出牙齿的人像，当这种类型的绘画由儿童完成时，它是正常的，但当它由青少年或成年人完成时，它表明这个人可能有攻击性或虐待倾向。

人物的衣着重品牌，是个人对金钱和物质的一种追求。强调一些配饰，如手表、珠宝等，这是过度关注自我的外在形象。

第七节　学生在绘画中的躯体化

绘画除了表达学生的心理问题外，还可以反映出个人的身体状况，特别是绘画中的躯体化。躯体化在精神分析中被理解为情感能量在身体中的聚集或情结的表达。在绘画的躯体化表现中，可能通过图画表现出更严重的身体不适，包括心血管、胃肠道、呼吸道和其他系统的不适，以及头痛、背痛、肌肉酸痛和其他躯体表现。

中学生绘画中常见的躯体化迹象表现包括：

用笔力度过大，是有攻击性倾向或容易发脾气的特征，但有时也可能是大脑的器质性病变，如脑炎或癫痫。

身体象征着个人意识到的驱动力，当画像的身体在画中空白时，表示个人的无力或自我无力感。身体上的伤痕或疤痕，象征着一种心理创伤。然而，由于绘画和自身之间存在着象征性的对应关系，躯干上的疤痕也可能象征着个人认为的自己身体的疾病。

画面中的人物的头发稀疏，这一方面象征着个人精力不济，体力不济，另一方面也可能是患有某种身体疾病。如果没有头发，除了表示对人际关系和环境的认知态度以及个体的自我发展状态外，还可能象征着个体的潜意识自我，可能表示个体的躯体无力感或自我无力感。

大头人物在儿童画中很常见，但在中学生的画中，除了表明个人希望有智慧，对自己的体格不满意外，还可能有头痛等头部症状。脖子是头部和躯干之间的连接，当脖子变长时，象征着如果躯干不受思想控制，身体和思想之间就会出现分离，但也可能是个人有一些与脖子有关的身体疾病，如喉咙痛、吞咽困难等。

在人物的面部表现上，浓眉也是对躯体症状的一种反映，可能象征着个人眼睛或头部的不适。眉毛画得很浅，表明此人性格温和内向，但也有可能是心脏虚弱。

耳朵的功能是倾听，当耳朵被画得很大或被仔细描绘时，除了说明这个人不善于倾听，对批评很敏感外，还应该注意有耳聋的可能；当耳朵被画得很小时，可能有耳疾；如果不画耳朵，可能有耳鸣和眩晕的症状。

中学生绘画作品中出现躯体化特征，可能说明绘画个体存在一些躯体性的不适，也可能是一些疾病的前兆，此时应引起重视，可到医院进行相关检查，将器质性疾病与身心疾病区分开来，这取决于医生的判断。

第八节　学生绘画中的性心理

学生的性心理在绘画中主要表现为对性的过度关注问题。对性本能的关注问题在绘画中有一些明显的表现形式。

对于了解中学生的性心理，没有专门的主题图，很多具体的意向，如类似生殖器的树、裸体画像等，都含有一些性本能的概念。我们可以根据这些意向，来分析学生在绘画中的性心理表达。

房子的烟囱，因为其形状与性器官相似，在绘画心理学中是一种本能的投射，在心理分析时，也被用作性本能的表达形式。当烟囱呈圆柱形时，表明个体对性能力方面非常关注，这可能是由对自我的性能力的关注引起的。墙上的污渍一般象征着可能的内心创伤和更多的焦虑，但也可能是手淫行为的标志。

当一个人画的树干形状类似于生殖器时，表明这个人可能有性心理问题或精神紊乱。当一个人画树根，仔细描绘树根，或强调树根时，是对个人性本能的关注，可能有比较强烈的性冲动。树根一般表示性本能，树根的暴露意味着性本能的暴露，这是对性领域的强调，表明个人对性比较关注。当根部是单线时，个体可能想用自己的意志压制性冲动；而当根部是虚线时，个体对性更犹豫和保守，或者可能对性采

179

取两面派的态度；如果根部交叉，个人的性欲可能不明确，导致性本能的混乱；根部藏在地平线，表明个人在性方面比较胆小，不敢正确面对，对无意识和本能领域感到恐惧。

在人物肖像画中，往往会体现出强烈的性倾向。画像是裸体的，表明个人可能有性冲突、矛盾、对异性的过度关注，或者可能有偷窥癖或露阴癖。当乳房被画出来时，是对性的关注。画一个与自己不同性别的人物，通常表示个人可能有一个表现出异性恋人格特征的人格，一般情况下，在公开测试时，代表异性的身体器官不会特别明显，甚至会有所隐藏。人物有个大鼻子，除了表示意见，它还与性有关，这可能与个人的性无能有关，或者个人对淫秽内容的关注。强调男性画像的臀部，臀部一般是对女性特征的强调，当男孩的画强调男性臀部时，表明个人不成熟，也可能有同性恋的倾向。

画像上有裤子、领带或腰带：裤子是重要的遮盖物，画裤子可能反映出个体在社交中的自我保护意识，往往也会和性关注联系起来。当领带被画得较长时，代表一种性攻击性，而画短领带代表性生理或功能方面存在自卑感；腰带可能象征着个人对性冲动的自觉或不自觉的控制。

第九节　学生绘画中的自杀倾向

对于中学生绘画中自杀倾向的表现，一些学者根据治疗有抑郁症和自杀倾向的儿童、青少年和成年人的经验，提出了儿童和青少年绘画中表现得十个自我毁灭的主题，这将有助于心理学家、教师或家长等分析儿童和青少年的绘画，以了解他们在这一时期的心理状态，判断他们是否抑郁或处于自杀的边缘。

1. 情绪化的愤怒、敌意、攻击性倾向。

2. 非常讨厌自己，自责，自我辩护，自我破坏，自尊心非常低。

3. 情感上的绝望、无助、苦闷、空虚，或有自我放弃的倾向。

4. 疏远、拒绝、遗弃、孤立，害怕失去或已经失去生命中的重要人物，极端脆弱。

5. 人际关系中总是有敌意。

6. 由于依赖性需求而产生的挫折和早期情感剥夺。

7. 渴望灵魂的转世和回归，渴望与心爱的人团聚。

8. 紧张、焦虑、挫折感、濒临混乱的感觉，冲动性增加。

9. 分裂、分离、去人格化。

10. 对于死亡，既有积极的也有消极的感受。

如果在儿童或青少年的绘画中出现了五个或更多的这些指标，可能有足够的理由认真考虑他或她是否有潜在的自杀倾向。

在实际应用中，当一幅画上有 5 个或 5 个以上反映画人抑郁、沮丧、焦虑、恐惧等的征兆时，则应高度怀疑存在自杀倾向。自杀是一个非常敏感的话题，发现这种情况时，首先应密切关注，确定是否存在自杀倾向，然后根据具体情况给予心理干预。

第十节 学生绘画中的家庭环境

在进行学生家庭状况评估时，为了获取更深入的信息，我们可以选择特定的绘画主题。其中，家庭动态图是一个重要的工具，它能够直观地反映出学生的家庭环境及其成员间的互动关系。此外，"房—树—人"组合图也是一个有效的选择，尽管其他主题图在提供信息方面可能稍显不足。

家庭动态图具有显著的优势，它能够细致入微地展示绘图者对于家庭及家庭关系的内心感受、思考和态度。通过观察和分析这幅图，我们可以更深入地了解家庭成员之间的相互关系，从而为进一步评估提供有价值的线索。

"房—树—人"组合图可以用来检查人格的完整性，以及绘图者对家庭和亲属关系的态度和看法，他或她对自我成长的看法，以及他或她无法表达的某些信息。

家庭动态图指导语：请把画纸横放，把家里的每个人都画在纸上，包括正在做的事情或从事的活动，尽量画完整的人，不要画火柴人或卡通人物，画中的人物活动环境可以随意添加，最后给画取个名字。

　　"房—树—人"组合图说明：请把画纸横放，在纸上画出房子、树和人，其他东西可以随意添加，尽量画完整的人，不要画火柴人或卡通人物。

　　中学生的家庭环境在画中主要表现在父母对孩子的影响和孩子自己对家庭的看法两点。父母对孩子的影响主要体现在画的位置上。根据绘画分析的基本原理，当画面在纸的左边时，说明母亲对孩子的影响更大，使孩子具有一些女性的性格特征，包括被动、宽容等；而当画面在右边时，说明父亲对孩子的影响更大，使孩子具有一些男性的性格特征，包括威严、主动、宽容等。

　　孩子对家庭的看法主要通过画面中的房屋来表达。当房屋结构不连续时，投射出家庭现状不稳定；当家庭成员之间距离较远时，表明家庭成员之间的交流较少；房屋烟囱出现的烟雾是家庭矛盾的反映，等等。特别是在家庭动态图中，孩子的家庭环境会明显地显现出来。房子相对于画面中心有一定的距离，表明个人在家庭中不能得到舒适，难以与家庭相融。房子是仰视的视角，表明个人感到地位低下，没有价值，缺乏自尊，无法在家里找到幸福。房子处于俯视视角，表明个人可能拒绝家庭本身的价值观，反叛家庭灌输的思想。房子的线若不封闭，表明个人认为家庭结构不稳定，有不稳定的感觉，可能是因为家庭中发生了比较大的事故，或者是因为家庭中存在冲突或不和谐。以画纸的底部边界线作为房屋的基线，反映了不安全感，个人可能更加依赖和缺乏自主性。如果用木桩来支撑墙，这是典型的不安全感的表现，认为家庭不能再帮助他们，需要寻求外部帮助或支持。画有侧门的房子，表明个人可能想从家里逃走。房子的窗户是栅栏式的，让房子像个牢房，这可能是个人对家庭感觉不好，缺乏安全感的表现。房子有烟囱并有炊烟，表示家庭正在做饭，表明个人重视家庭的温暖。然而，当烟囱冒浓烟时，可能是家庭冲突和矛盾的标志，给个人带来紧张和情绪困扰。

树在画面中的位置，往往也可以透露出家庭环境中的一些信息。当树在画面的左侧时，意味着个体在成长过程中受母亲的影响较大，自身人格成分中含有较多的女性特征（被动、宽容等）；当树在画面的右侧时，意味着个体在成长过程中受父亲的影响较大，自身人格成分中含有较大的男性特征（主动、权威等）。树枝向着太阳生长，表明个人需要得到照顾（来自父母或老师或同学）；当树枝向太阳方向回长时，表明个人可能因家庭管教而感到苦恼，想逃离父母的支配。如果树的叶子都落了，除了表示低落的情绪外，落叶还可能表示个人对父母和家庭的依赖，给人一种归根的感觉。如果叶子被收集起来，表明个人希望从父母或家庭获得爱和温暖。树上画有鸟或鸟巢：表示对家庭的依赖情绪。

绘画中还有一些其他元素能够透露出家庭环境的心理状态，比如口袋是依恋的表现。图中有太阳，如果太阳在左边，那是对母性温暖的渴望；如果太阳在右边，那是对父亲、英雄的渴望。

第八章

美术学科课堂教学中有效渗透心理健康教育的实践

第一节　促进学校审美素质教育的途径

　　没有美育的教育是不完整的教育，没有艺术素养的人是不完整的人。可见，美育工作在学校教育中占有十分重要的地位，特别是在推进素质教育进程的今天，学校的美育工作更应花大力气，通过感受美、欣赏美、创造美来打好学生的艺术素养的基础，发现学生身上的闪光点，激发学生创造美。几年来，学校在实施素质教育过程中，高度重视学校美育工作，并在全校师生的共同努力下，取得了可喜的成绩。

一、构建美育工作网络，强化美育意识

　　加强队伍建设，强化教师的美育意识，因为教师是实施教育的主导者，只有全体教师，特别是美术教师明确自己肩上的责任，才能充分发挥自己的智慧，为美术教育作出最大的贡献。构建学校的美育工作网络，使实施美术教育的实际意识得到加强，确保学校的美育工作走向健康、发展、特色之路。

二、加大美育软硬件的投入，优化美育环境

　　美育工作的目的是提高学生的艺术素养，就是要让学生

感受美、欣赏美、创造美，而美育工作的软硬件投入是基础。有一个良好的美育环境，才能充分激发师生从感受美到创造美的欲望，从而发挥美育的教育功能，塑造完整的人格。

抓好硬件建设，展现美育基础。重视美育的硬件建设，保证学生美术教育的发展。画板、写生桌、写生模型、练功房、写生室等硬件设施，为学校美术教育和美术活动的开展提供了坚实基础。

抓好校园文化建设，营造美的氛围。美育不仅要靠课堂和活动，校园文化建设也是潜移默化的美育，通过文化景点、绿化、美化、香化来营造美的氛围，让学生接受美的熏陶。

抓好软件建设，落实美育教研，定期开展教研活动，注重教学常规。在教学工作中，搞好教学常规是前提，它是保证教学要求行之有效的规范性要求。因此，我们坚持抓好工作落实，严格按照教学大纲、教材、教学进度实施教学，注重知识结构的完整性和规范性。

三、注重普及和学科渗透，提高美育的实效性

美育工作坚持学科渗透，大面积普及艺术教育，高度重视全体学生接受美育，提高美育实效。通过艺术教育和活动，推动学校素质教育的进程。

全体教师都要成为美育工作者，各学科都要在教学过程中及时对学生进行美育渗透，使学生在学习科学文化知识的过程中感受美、欣赏美，激发创造美的欲望，从而发现美、创造美。学校美术教研室每周对部分教师、部分学科的美育渗透情况进行督导检查，每月召开一次学科美育渗透的教研专题会议，研究美育渗透的方式方法，鼓励教师带头上学科美育渗透的教研课，每期评选优质学科美育渗透课，并与教师基本功过关和年度考核挂钩。

艺术教育是素质教育的一部分，是培养学生全面发展的重要组成部分。美术教育对学生发现美、欣赏美、创造美起着重要作用。

素质教育下的美术教育不应依赖说教和死记硬背，而应激发受教育者的情感和兴趣，让他们主动参与各种艺术实践和艺术体验，并以此来感受、感知和理解美的含义、内容和意义，进而转化为发现美、欣赏美和创造美的能力。在美术教学中，应从心理学角度出发，以受教育者的兴趣为基础，以不断学习和积累必要的美术知识为方向，引导美术教学。

第二节 美术教育对实施心理教育的作用

一、美术教育可以培养学生的创造力

创造力是一种后天的能力，近代以来，许多教育主体都把培养学生的创造力作为教育教学的目标之一，这一特点在美术教育中表现得尤为突出。在美术教育过程中，启发学生，让他们认识到别人创作的精髓，形成自己的认识，然后实践自己的想法，是美术教育的主线。因此，美术教育对培养学生的创新能力有着巨大的作用。

二、美术教育使学生身心健康成长

中小学阶段是世界观、人生观形成的重要时期，美术可以影响人们的文化、修养、品位和情感，对青少年的身心健康成长具有重要意义。在新的《美术课程标准》中明确指出：人的全面发展是人类努力追求的教育理想，美术课程作为美育的重要范畴，不仅促进了这一理想的实现，而且还包含了感性和理性因素、心理和生理因素，因此它对促进人的全面发展的作用是独特的。在美术教育中，学生可以通过各种方式参与美术活动，尝试各种想象力的实践过程，学习欣赏美的方法，激发视听灵感，体验美术活动的乐趣，获得对美术学习的兴趣，并以此来表达自己的情感和思想，从而形成美术素养，完善人格。

三、美术教育与其他教育相互补充

美术教育有助于学生的智力发展，但仅靠教师引导学生从认识到创造是不够的，必须通过美术教育和其他方面的教育来完成。

艺术教育绝不是一个孤立的学科，它与许多其他学科密切相关。但由于长期的应试教育，中学生在美术课上接受的教育很少，很难达到与其他知识、技能相结合的体验。为了加强学生对美的感知和创造能力，美术教学可以通过多媒体等先进手段，激发学生对美的兴趣和比较感知。在技能课、设计课和欣赏课上，教师多采用深入的课前观察和课中指导，在教学过程中融入其他学科的知识，以达到教学目的。相比之下，其他学科也应如此。在教科书和各种教学挂图中，很多内容是通过文字、符号和图像来阐明的。美丽的图像可以带给学生美的感受，渗透到美育中。

第三节　在美术教学中开展
心理教育的创新与实践

一、注重教育理念的创新

注重教育理念的创新，在肯定共性的同时注重个性化培养。个性化教育在肯定学生共性的同时，强调学生的个性发展，突出学生的个体差异。美术课最突出的特点是表现力强，形式多样，个性鲜明。教师应尽可能发挥学生自身的创造力，支持他们的想法和对事物的理解和表达，适当地指导他们的绘画技巧，充分开发他们的潜力。当然，创造力不仅需要一个好的主题，还需要一个好的环境来激发它。例如，在一节美术课上，学生们提出了一个"不是主题的主题"，要求他们表达自己的想法，不限制具体的表现形式，如绘画和手工艺。课后，将教室的一面墙作为展览区，展示学生的作品，增进学生之间的相互了解。这一活动促进了学生独立思考能力的发展，使学生的个人情感和个性得到了充分的释放。

二、使用多媒体技术

利用多媒体技术，丰富教学手段，激发学生的兴趣。随着信息技术的发展，多媒体技术作为一种新的教学辅助手段，逐渐渗透到课堂中，带来了"教"与"学"的重大改革，多媒体教学通过生动的画面、音像同步的情境、悦耳的音乐，显示了其独特的优势，大大丰富了教学内容。美术教学应采取多样化的教学形式，激发受教育者的兴趣，而多媒体技术可以很好地达到这一目的。

美术是一门造型艺术，美术教学要直观、生动，美术教案的编写也要体现本学科的特点，特别是美术课需要大量的图片，利用计算机制作教案可以很好地达到图文并茂的效果。

三、互联网教学方法

可以利用互联网来丰富教学内容，交流教学经验。信息技术改变了人们原有的生活和工作方式，教案的多媒体编写和管理为美术教学提供了极大的便利。

例如，在七年级下册《绿洲》一课的教学中，为了激发学生的创造性思维，教材采用了超现实主义绘画。为了丰富教学内容，我们在网上搜索了"超现实主义"的含义、超现实主义绘画的代表人物和超现实主义绘画，既丰富了教案内容，又建立了"学习资料库"，方便以后的搜索和学生课后的知识拓展。此外，还可以通过网络开拓教师的知识空间，提高自身的业务水平。

由于美术学科是一个小学科，学校里只有一两个美术教师，而且力量薄弱，现在大多数学校都将音、体、美"三小门"简单地放在一起进行教学研究，美术教师无法分享集体智慧。在这种情况下，我们可以采取网上交流的形式，登录相关网站，看看同行的教案和论文，从别人的教学经验中得到启发，探索自己的教学方法和手段，在众多相关信息的不断碰撞中建立起开放的教学模式。还可以登录相关网站，共享网络资源，参与网上论坛，通过电子邮件进行交流，从而使自己的教学从封闭走向开放，从局部走向整体，使自己的教学计划更加丰富和充实。

第四节　如何为美术教育中
融入心理健康教育

在学生的全面健康发展中，心理健康的重要性不容忽视。心理素质不仅关乎个体的社会适应能力，更在事业成功的道路上扮演着关键角色。因此，在小学阶段的基础教育中，我们致力于为学生构建扎实的素质基石。在此过程中，提升学生心理素质成为教育的核心目标之一。同时，这一目标也是美术教育教学追求的关键教育目标。

一、美术心理教学要立足于面向全体学生

美术课作为心理健康教育的重要一环，必须确保面向所有学生。这不仅是心理健康教育的内在需求，也是衡量美术课能否有效发挥心理健康教育作用的关键标准。作为中小学艺术教育体系的一部分，美术课的核心目标是提升全体学生的文化艺术素养和审美能力，这与心理健康教育所追求的基本目标相契合，使得美术课成为实现这一目标的必要课程。

从心理健康教育的要求来看，美术教育的目的和任务应是全面提高全体学生的素质。在美术教学过程中要进行思想道德教育、审美教育，培养学生的创新能力、观察能力、想象能力。现在仍然有很多人把美术教育的成功标准定在学生获得多少比赛奖项上，定在有多少人考上美术专业学校上。有的教师把主要精力放在辅导几个小苗子上，对他们进行不懈的训练，而忽视了大多数学生。特别是在小学阶段，美术教育是一种基础教育，是通过美术教学培养学生的形象思维，启迪学生的心智，锻炼学生的创造力和想象力，培养学生爱心的教育，是提高全体学生文化修养的一门课程，体现美术教学的有效性。绝不局限于获奖的多少，但每一位美术

教育工作者都应该清楚地认识到，只有在美术课堂上，使学生的文化艺术修养、审美能力和道德品质得到提高和锻炼的课堂，才称得上是一堂好的美术课，才能达到为心理健康教育服务的目的。

要评价一个学校、一个美术教师的工作，重点也应该放在这上面。当然，这并不是说教师不应该关注课外小组活动和比赛。

二、树立全面的美术教育观念

体现心理健康教育的美术教学，必须更新教学内容，开辟新的领域，必须坚持打破"以画为中心"的旧有教育的横向风格，应该以提高全体学生的素质，加强工艺美术和艺术欣赏，开阔学生的文化艺术视野，提高文化修养为目的进行教学。一直以来，我国的美术教学模式是以绘画为中心，把美术等同于绘画，只注重绘画技能的训练，而排斥与美术相关的诸多学科，这对培养学生学习美术的兴趣，对学生的审美教育是非常不利的，也非常不利于学生智力的开发和培养。

例如，工艺美术教学对学生的实践能力和动手能力有很大的提高，对提高学生的学习兴趣，培养学生美化环境的意识和能力有非常重要的教育价值。如封面设计、标识、桌案小装饰制作设计、布艺贴花等，可以提高学生的学习兴趣，拓宽教学内容，开发学生的智力和创造力。同时，提高学生的鉴赏能力和审美判断能力也很重要，所以要重视鉴赏教学。如果只把美术教育看成是技能教育，忽视学生对作品的欣赏和评价能力就不利于开阔学生的文化视野，增长学生各方面的知识，提高学生的评价判断能力。因此，要达到心理健康教育的目的，就要调整教学内容，更新知识。

三、教师应该注重学生的个性素养

要提高学生的素质，还应该不断改进教学模式和教学方法。培养学生学习美术的兴趣很重要。美术课程是进行美术教育的主要途径，教师要有献身教育的精神，才能感染学生的心灵。在进入课堂之前，美术教师要控制好自己的情绪，排除与课程无关的情绪干扰，带着激情和自信进入课堂。特别是经常从事美术教学的教师要有奉献精神，这是提高教学质量的基本保证。教师只有充满热情和奉献精神，才能真正调动起学生的情绪，感染和激发学生的学习兴趣和热情。

用好教学语言。语言是人类交流的信号，教学语言是教学和解决问题的主要渠道，美术教学语言有其显著的特点，具有形象性和艺术性。理想的美术语言是清晰、流畅、准确、生动、形象、声情并茂的语言，它是美术教师文学艺术修养和语言艺术修养的具体体现。

第五节　美术教育中融入心理健康教育的几点尝试

新时代学生的特性，理应为更积极主动且具可持续发展潜力，尤其需要具备创新思维和实践能力。这不仅是学生的个人发展要求，更是各学科教育应当共同肩负的育人职责。在现代美术教育领域，其教育目标不应仅仅局限于狭义的学科知识和技能传授，更应致力于与全面素质培养相结合。美术教育在兼顾学科知识与学习技能训练的同时，更应充分考量学生的综合素质发展，从而在推动素质教育方面发挥不可或缺的重要作用。

一、培养学生的实践能力

艺术课程不仅承载着审美教育的使命，同时也扮演着艺术智力训练的角色。学生需精准协调眼、脑、手的动作，方能真正领悟美术之精髓。因此，在美术课堂教学中，着重培养学生的实际操作能力至关重要。然而，美术技能的习得并非如使用劳动工具般简单，它需投入更多的时间，并需美术知识的引导，方能实现有意识、有目的、富有个性的创作。

另一方面，美术知识的积累与审美能力的提升在一定程度上与美术技能的提高互为依存，两者紧密联系，相辅相成。故美术课堂教学的大部分时间应聚焦于培养学生的美术实践与创新能力，使他们在动手与动脑的过程中，不断提升自身的艺术素养。

二、教师应注重培养学生的个性素养

美术教师在课堂讲授之余，其卓越之处主要展现在教学辅导上。在教案设计、工艺品制作、命题画创作等多个方面，教师应致力于学生的个性发展，激发他们的创新能力。在学生的创作过程中，教师持续给予积极的反馈和鼓励，不断激发他们的创造性思维。同时，教师也严格要求学生把握形势特点，强调创新和独特性，这既是培养学生创作能力的良好机会，也是对他们意志力的考验。学生的创造力越强，他们的思维能力就越灵活。总体而言，美术教学与数理学科教学有着本质的区别。美术课程不仅涉及知识的传授，更强调技能的训练，特别是对学生个性和创造力的培养，这构成了美术学科教育不可或缺的重要特征。

积极开展第二课堂，培养学生的观察能力，使他们养成热爱观察的习惯。

兴趣是推动观察的关键动力，正如罗丹所言："在大自然中，我们并非缺乏美，而是缺乏发现美的眼光。"身为教育者，我们在教学过程中，所面临的核心任务并非单纯教授绘画技巧，而是引导学生如何正确地审视问题。为此，我们提倡并鼓励学生们采用画日记的方式，来记录生活中发生的具有意义的事件。这一做法不仅有助于为学生的创作活动积累丰富的素材，更重要的是，通过这一方式，可以培养学生细心观察周围事物的良好习惯，进而引导他们有意识地、有目标地去认识和理解世界。通过这种持续的实践，我们希望帮助学生磨练出能够洞察事物本质特征的眼睛，并培养他们的审美能力。

运用现代教学方法进行美术教学。旨在提高国民素质的教育必须与时俱进，现代化、多媒体等教学手段进入课堂已成为必然。教师可以利用投影仪、录像机、录音机等进行美术教学，这样可以达到更好的教学效果。美术课是具象的教学，美术造型大多依靠具体的造型和物体，因此，利用投影仪进行演示，省时省力，又能显出色彩。但现代教具只是教具，不能喧宾夺主。在美术课上，学生是活动的主体，应充分调动他们的积极性，给他们足够的时间和空间来参与美术活动。在美术课上适当引入音乐，在欣赏和创作活动中提供音乐旋律，对于营造良好的艺术氛围，调动学生的学习积极性，陶冶学生的情操是非常有益的。首先，在教学中要把握好节奏和度，不能每节课都放音乐，这是很不合适的；其次，对音乐的选择也有要求，听觉效果太强的音乐，往往会分散学生的注意力，不协调的音乐，会干扰学生的情绪，所以教师要充分考虑到这些特点，采用适当的方法，取得好的教学效果。

　　美术教学方法的改革是一项系统工程，它需要持续不断地探索和实践。改革并非简单地遵循既定模式，而是要根据教育规律、学生特点和教学条件等多方因素进行深入研究，形成具有自身特色的教学方案。因此，美术教师应当在日常教学实践中不断积累经验，勇于尝试新的教学方法和手段，持续提升自己的教学水平和能力，以更好地适应教育发展的需求。

附 录

附录1 《自制漫画书——团体漫画传递》

上课班级：被试班

教学目标：经过系统的学习以及富有实践性的教学活动，我们成功地激发了学生的求知欲和团队协作精神。我们鼓励他们自主地进行深入探索，并在此过程中，促进了师生间以及学生之间的情感交流。此外，我们还引导学生运用智慧和创造力，共同创作了一部小组漫画集。通过角色扮演的方式，学生们得以深入体会漫画角色的内心世界，从而有效地排解不良情绪，达到愉悦身心的目的。

教学重难点：漫画书的一般制作流程，书籍装帧设计步骤。

课时分配：两课时（每一课时具体安排按照学生情况定）

课前准备：4K彩色卡纸2张（不同颜色）、4K白色卡纸一张、剪刀、胶水，各种表现工具

教学过程：

参观体验：组织学生观看不同品种风格的漫画书，观察、体验、比较、感悟不同漫画书的特色及内容、功能。

（教师提问：大家都看过漫画，你们还能说说你最喜欢哪本漫画书，它讲了什么？有何创作特色？印象怎样？）

讨论揣摩：

1. 学生2—4人一组讨论并说出自己的想法并进行课堂交流。

2. 设想一下如果让你制作一本漫画书，你的思路是怎样的？小组代表发言。

要点认知：利用多媒体课件，结合教师课前制作的"模型书样本"及现场示范，让学生比较自己的想法还有哪些地方需要改进。

课件内容：

1. 漫画书页样式制作（书本样式的选择环节）。主要有屏风式、装订式、传统式、折叠式（图片观看，教师分别展示实物）

2. 书本具体的尺寸大小成员自定，美观即可。

3. 选取白色卡纸一张，裁剪出大小相等的若干（数量与页面的张数一致）小卡片以备漫画创作使用。（比书本每页的面积略小即可）

4. 小组成员在卡片上创作，完成后粘贴到书本页面上。

5. 书本装帧设计。（这一环节可以到第二课时细讲）

6. 最后将书本与封面粘合起来。

实践操作：

1. 学生2—4人一组进行漫画情节构思，教师组织代表发言。

2. 学生进行漫画书的制作，小组成员靠集体智慧创作漫画。

3. 第二课时教师指导学生进行封面装帧设计，并为漫画书取名，整理画册。

4. 小组之间交流完成作品，并以小组为单位分角色扮演，教师小结并评价。

（教师提问：主要表现了什么情景？主角的内心世界是怎样的？如果一个人能完成得如此优秀吗？你通过合作体会到了什么？）

作品展示：学生、教师评出优秀作品。

课后拓展：小组之间传阅欣赏。

在其他班级进行书本制作教学，可以单独制作也可以合作，创作内容自定（漫画、日记诗歌、无联系的画作都可以）。

附录2 《我的负面情绪》教案设计

上课班级：被试班

教学目标：通过绘画表现形式引导学生正确认识自我，合理地调节不良情绪。

培养学生对美术课新的认识——调节心理状态，促进身心健康。

教学重难点：鼓励学生如何客观真实地表达自我情感并

用二维语言描述出来；帮助学生形成正确科学的自我意识，在绘画中消除负面情绪。

课时安排：一课时

课前准备：课件、多媒体软件、各种绘画工具

教学过程：

导入环节：组织学生思考美术的作用及对美术课的想法、态度，甚至是学生从美术课中获得了什么？鼓励学生畅所欲言、各抒己见。

教师小结：除了同学们讲的这些，其实美术课还有一个非常重要的作用，大家上完本次课后就知道了。（引起学生的兴趣）

观摩思考：播放PPT展示图片"一个愤怒的小男孩"和"一个平静的小男孩"。

教师提问：到底是什么力量使小男孩的举动发生如此大的变化？如果是你们，你们会如何应对这种情况呢？

学生2—4人一组讨论，派代表发言。

教师小结并播放PPT：相继展示图片"小男孩在边听音乐边画画"和"男孩的画面内容"顺利引出导入环节的答案，教师对答案进行解释。（鼓励学生创作欲望、深化学生对艺术创作的认识）

要点认知：教师利用多媒体让学生更多地了解绘画排解法的意义和魅力，展示一些美术治疗的作品。

实践创作：教师组织学生闭上眼睛听着音乐，想象一下

你在情绪低落时最想干什么？正在做什么？什么导致你情绪处于低潮，等等。

学生拿出课前准备的画纸和绘画工具将所思所想画下来，可以是抽象的图形拼凑、色彩搭配，也可以是具体的一些情节回放（越别具一格越好）。

最后让学生把当时的想法和渴望用文字描述出来，写在画的背面（作品回收后进行参照）。

播放舒缓的音乐，让学生想象自己在云中飘浮。建议他们想象出云的大小、质地，以及他们的想法和感受，让他们想象所体验的景象、声音和气味，让他们画自己在云上，也可以画自己正在轻松地做某事。

课堂小结：学生2—4人一组讨论自己的作品，最后全班交流，教师总结。

愿望树许愿（学生把写有各自心愿的即时贴粘到愿望树上）。

附录A

性别：○男　　　○女　　　班级：　　　学号：

家庭成员：○父亲，你　　　○母亲，你　　　○爷爷奶奶/外公外婆

表A1：SAS自测表

选项	无或很少有	有时有	大部分时间有	绝大多数时间有
1. 我觉得比平常容易紧张和着急	1	2	3	4
2. 我无缘无故地感到害怕	1	2	3	4
3. 我容易心里烦乱或觉得惊恐	1	2	3	4
4. 在困难面前有种要发疯的感觉	1	2	3	4
5. 我觉得一切都很好	4	3	2	1
6. 我一焦虑手脚发抖打颤	1	2	3	4
7. 我经常感到躯体疼痛	1	2	3	4
8. 我感觉临近考试容易衰弱和疲乏	1	2	3	4
9. 我觉得心平气和，并且容易安静坐着	4	3	2	1
10. 我觉得心跳得很快	1	2	3	4
11. 我因为一阵阵头晕而苦恼	1	2	3	4

选项	无或很少有	有时有	大部分时间有	绝大多数时间有
12. 累了我会感觉要晕倒似的	1	2	3	4
13. 我吸气呼气都感到很容易	4	3	2	1
14. 我手脚麻木和刺痛	1	2	3	4
15. 我因为胃痛和消化不良而苦恼	1	2	3	4
16. 我一紧张常常要小便	1	2	3	4
17. 我的手常常是潮湿的	1	2	3	4
18. 父母老师教训我，就会脸红发热	1	2	3	4
19. 我容易入睡并且一夜睡得很好	4	3	2	1
20. 我会做噩梦	1	2	3	4

表 A2：SDS 自测表

选项	无或很少有	有时有	大部分时间有	绝大多数时间有
1. 我觉得闷闷不乐，沮丧	1	2	3	4
2. 我感到早晨心情最好	1	2	3	4
3. 我会哭出来或是想哭	1	2	3	4
4. 我晚上睡不好	1	2	3	4
5. 我吃的和平常一样多	4	3	2	1
6. 我与异性亲密接触时和以往一样感觉愉快	4	3	2	1
7. 我发觉我的体重在下降	1	2	3	4
8. 我会无缘无故地情绪不好	1	2	3	4
9. 我心跳比平时快	1	2	3	4
10. 我会无缘无故地感到疲倦	1	2	3	4
11. 我的头脑跟平时一样清楚	4	3	2	1
12. 我觉得经常做的事情并没有困难	4	3	2	1

选项	无或很少有	有时有	大部分时间有	绝大多数时间有
13. 面对考试我坐立不安且无法平静	1	2	3	4
14. 我对将来抱有希望	4	3	2	1
15. 我容易生气激动	1	2	3	4
16. 我觉得作出决定很容易	4	3	2	1
17. 我觉得自己是个有用的人，有人需要我	4	3	2	1
18. 我的生活过得很有意思	4	3	2	1
19. 我认为如果我不存在了别人会生活得好些	1	2	3	4
20. 平常感兴趣的事我仍然照样感兴趣	4	3	2	1

表 A3：美术课程学生自我评估与反馈表

选项	非常符合 1分	比较符合 2分	不符合 3分	非常不符 合4分
1. 美术课上，我和老师同学关系融洽				
2. 美术课中，遇到问题敢于和同学老师交流				
3. 在美术课上，我愿意帮助有困难的同学				
4. 美术课上，我喜欢和不同的人交朋友				
5. 对于别人对我的意见和建议我能欣然接受				
6. 美术创作过程没有束缚，我能够"畅所欲言"				
7. 绘画能稳定我的不良情绪				
8. 学习压力大、心烦的时候，我会用画画合理调节情绪				
9. 每次创作活动完我觉得轻松多了				
10. 通过美术创作能提高我的自信度				

选项	非常符合 1分	比较符合 2分	不符合 3分	非常不符合4分
11. 我很乐意和同学合作解决问题				
12. 合作学习对我来说很重要				
13. 我能将美术课上的合作运用到其他方面				
14. 我认为创作活动中的角色扮演和团队精神很重要				
15. 我喜欢和同学老师分享观点想法				
16. 我能很好地适应新的学习环境				
17. 面对学习压力我不再茫然了				
18. 我对自己的未来充满希望				
19. 我做事很有耐心和注意力				
20. 客观地审视自身优缺点及时改正				
21. 我认为美术课还是挺重要的				

选项	非常符合 1分	比较符合 2分	不符合 3分	非常不符合4分
22. 我会经常进行美术创作活动				
23. 我上美术课的时候经常很认真				

24. 你练习绘画的目的是什么？（可多选）
○成名　○调节心情　○消磨时间　○精神寄托　○兴趣爱好
○提高技能　○其他　请写明（　　　　　　　　）